保育ナビ
ブック

若手保育者の育成法
―― 組織の活性化は若手の成長がカギ！

師岡 章（白梅学園大学）

はじめに

「保育は人なり」

これは、保育現場でしばしば語られてきたメッセージです。

保育はそれを進める保育者の存在がたいへん重要であり、その資質や能力が実践の展開を大きく左右する、ということを指摘しているのでしょう。保育の基本は「環境を通して行う保育」であると言われますが、物的環境以上に人的環境が重要であることを気付かせてくれるメッセージとも言えるでしょう。

保育の扉を開いたばかりの新人保育者、また若手保育者も、こうしたメッセージをしっかり受けとめ、自らを成長させてほしいものです。

ただ、新人保育者、また若手保育者は保育経験が浅いため、意気込みはあっても、どのように自らを成長させていけばよいか、わからないことも多いと思います。そこで、大切になるのが園長をはじめとする先輩保育者たちが新人・若手保育者たちに積極的にアプローチし、保育者としての資質や能力を向上させていく営みです。本書はこうした新人・若手保育者の育成方法にスポットライトをあて、育成の基本的な考え方やノウハウをまとめたものです。

本書の第1章（Chapter1）では、新人保育者を中心に育成の基本的な考え方や活用すべき育成方法を紹介しています。各節の冒頭では、新人育成の際に課題となりがちなテーマを「マンガ」で示しました。その後の「解説」と「シート」等で、育成を具体的に展開できるよう構成しています。

第2章（Chapter2）では、新人・若手保育者が成長するうえで、大きな影響力をもつ職場環境の問題を取り上げています。Q＆Aも設けてありますから、自園の職場環境を見直す視点としてご覧ください。

第3章（Chapter3）では、体系的・計画的に取り組むことが求められている新人育成の進め方のポイントをまとめました。計画表のフォーマット例も示しておきましたので、実際に計画を立てる際の参考としてください。

保育の質を向上させるためには、保育者の資質・能力の向上が不可欠です。本書が、こうした資質・能力の向上に向けた取り組みを充実させる一助となれば幸いです。

2018年8月　師岡 章

CONTENTS

若手保育者の育成法
— 組織の活性化は若手の成長がカギ！

はじめに……………………………………………………………… 3

Chapter 1
新人・若手保育者の育成法

❶ 新人保育者への接し方……………………………………… 8

❷ メンター制度の活用………………………………………… 12

❸ コーチング理論の応用……………………………………… 16

❹ 事例検討のすすめ…………………………………………… 20

❺ 外部研修の精選……………………………………………… 24

❻ 個性の活かし方……………………………………………… 28

❼ 公開保育の活用……………………………………………… 32

❽ 交換保育に挑戦……………………………………………… 36

❾ 研究活動の推進……………………………………………… 40

❿ 人材確保の方策……………………………………………… 44

⓫ 保育インターンシップ……………………………………… 48

⓬ 内定者研修の進め方………………………………………… 52

✎ column 男性保育者への期待……………………………… 56

Chapter 2
働きやすい職場環境のつくり方

① 同僚性の創出 …………………………………………… 58

② 教職員の居場所づくり ………………………………… 61

③ 打ち上げのすすめ ……………………………………… 64

④ 歓送迎会の進め方 ……………………………………… 67

✐ column 新人保育者の家族への配慮 ………………… 70

Chapter 3
新人育成計画の立て方

① 新人育成計画のコンセプト …………………………… 72

② 育成したい専門的力量 ………………………………… 73

③ 育成計画づくりのポイント …………………………… 76

④ 園の形態別の研修ポイント …………………………… 77

新人育成計画表（様式例）………………………… 78

キャラクター紹介

園長
保育歴35年。あたたかいまなざしで教職員を見守り、新しいことにも積極的。

主任
保育歴20年。園長をしっかりサポートし、後輩保育者に慕われている。

ハルカ先生
保育歴10年。どんなことにも積極的に取り組むベテラン保育者。

ミサキ先生
保育歴7年。なんでもはっきり口にする、ちょっと厳しい中堅保育者。

ヒカリ先生
保育歴5年。しっかり者でワカナ先生をやさしく見守る良き先輩。

マサル先生
保育歴3年。おとなしいけれど、会議などでは積極的に発言する男性保育者。

ワカナ先生
4月に入職したばかりの新人保育者。慣れない保育者生活に奮闘する毎日。

理事長
保育経験がなく、園の運営は「園長にお任せ」という少々頼りない面がある。

ジュンコ先生
養成校の先生。園長とは長年の知り合いで仲が良い。

Chapter 1

新人・若手保育者の育成法

新人・若手保育者が、保育者としての資質・能力を
高めていけるように導くためのポイントを、段階を追って紹介します。
また、採用前の段階から良い人材を確保し、
スムーズな入職につなげる方法など
1年を通しての新人育成の流れを捉えられるようにしました。

❶ 新人保育者への接し方 …………………… 8
❷ メンター制度の活用 ……………………… 12
❸ コーチング理論の応用 …………………… 16
❹ 事例検討のすすめ ………………………… 20
❺ 外部研修の精選 …………………………… 24
❻ 個性の活かし方 …………………………… 28
❼ 公開保育の活用 …………………………… 32
❽ 交換保育に挑戦 …………………………… 36
❾ 研究活動の推進 …………………………… 40
❿ 人材確保の方策 …………………………… 44
⓫ 保育インターンシップ …………………… 48
⓬ 内定者研修の進め方 ……………………… 52

✎ column　男性保育者への期待 …………… 56

※テーマごとに示したシートは、具体的な展開を検討するための手かがりです。
答えはひとつではありませんから、園の状況に合わせて自由に考えてみましょう。

Chapter 1 新人保育者への接し方

新人保育者のワカナ先生。先輩保育者がその様子を見守りますが……。

不安・緊張・戸惑いを期待・希望に変えていける対応を心がける

新人育成の悩みどころ

一般企業では入社式以降、一定期間の研修を実施し、新入社員はその後、本務に当たるケースも多いようです。

しかし、人員に余裕がない保育現場では、4月から本務である保育に携わるケースが大半でしょう。それだけに、新人をいつ、どのように育てていくかは悩むところです。1年目からクラス担任をもつかどうかでも対応が分かれるところでしょう。

「習う」より「慣れる」

保育は物を扱う仕事とは異なり、人間である保育者と子どもがかかわり合うなかで展開される仕事です。近年、マニュアルを頼りにする若者も増えていますが、それでは保育という仕事はうまくいきません。

だとすれば、新人が一人前の保育者となっていくためには、頭であれこれ考えすぎず、まずは先輩保育者のやり方をまね、実際に子どもとかかわるなかで、身体で園の保育の仕方を身に付けていくことが大切になります。いわば、「習う」よりも「慣れる」姿勢を大切にしよう、ということです。たとえクラス担任としてスタートしたとしても、1年間すべてが研修期間であると捉え、失敗を大目に見てあげる必要があります。

担任をもたないフリー保育者の立場、あるいは担任を補佐する副担任として1年目を送るケースでは、意図的に先輩保育者の近くで仕事をさせ、状況判断や柔軟な対応の仕方を身近に学ぶ機会をつくるようにしていくとよいでしょう。

後付けの大切さ

「わからないことがわからない」時期とも言えるワカナ先生のような1年目の保育者にとって、問題にぶつかる時こそ、絶好の学びの機会となります。

例えば、絵本の読み聞かせをしても子どもが集中してくれない、大きな声を出しても子どもが言うことを聞いてくれない、といった状況は、1年目にはしばしば出合う問題です。そんな時、管理職や先輩保育者が問題状況を解説し、対応の仕方を丁寧に伝えてあげると、新人保育者も「なるほど！」と合点がいくと思います。

事前に必要な対応を伝え、その通り実践できればより良いとは思いますが、予測通りにはいかないのが保育という営みです。だとすれば、実践後に問題点と解決策を具体的に伝えたほうが身になるはずです。健康や安全面の管理など、子どもの命にかかわる対応は事前にしっかり確認し、実行してもらう必要がありますが、子どもとのかかわりの大半は事後だからこそ問題点も見え、適切な対応の仕方の意味や価値にも気付けるのだと思います。

外部研修を活用する

1年目を対象とした研修は外部にも複数用意されています。「井の中の蛙」とならないためにも、時間を確保し、外部研修に出向く機会をつくってあげましょう。

新人保育者も他園の同じ立場の保育者に出会うと、悩んでいるのが自分だけではないことに気付き、少し気持ちが落ち着くことでしょう。

また、他園の状況を見聞きすると、自園の保育の特徴を理解することにも役立つはずです。「灯台もと暗し」という諺もあるように、自園の魅力を発見する機会になるかもしれません。研修内容を報告してもらうことで、そんな実感が芽生えていくことも期待していきましょう。

若者気質を踏まえた対応

1年目は失敗の連続です。ただ、人間、失敗ばかりでは意欲も湧きません。叱られた経験が少なく、耐性も低い最近の若者では、萎縮し自信もつかないでしょう。

しかし、1年目であっても、子どもと楽しくやりとりしている場面はあるはずです。例えば、砂場遊びにかかわるなか、子どもと一緒に山作りを進めた結果、高い山ができた。そこからトンネル作りも始まり、貫通した際はトンネル内で子どもと握手し、

■ 新人保育者の不安・緊張・戸惑いを受けとめながらサポートする

大喜びした——。子どもと一緒に遊んでいるなかで、こんな達成感を共有した経験も見られるはずです。そうした場面を意識的に取り上げ、大いにほめてあげましょう。

また、子どもらしいユニークなつぶやきや発想が見られた場面も話題にし、新人保育者が「子どもっておもしろい」と感じられる機会も大切にしていきましょう。

近年、自分の良さを認められない自己肯定感が低い若者が増えています。保育者を目指す若者はまじめで、謙虚な人も多いだけに、こうした傾向も強いようです。そのため、過度に失敗を恐れたり、対人関係で萎縮しやすい傾向も見られます。すぐに自信はもてなくとも、少しずつ「自分も案外頑張っている」と実感できるよう、サポートしていきましょう。そうすれば、若手保育者も自ら学ぶ姿勢を高めてくれるはずです。今時の若者気質を踏まえた対応を心がけていきましょう。

Check List

新人保育者の状態を把握しよう

忙しく仕事をしていると、新人保育者の不安や戸惑いを見逃すことも多くなります。
適切な支援を行うためにも、まずは新人保育者の状態を丁寧に把握していきましょう。

＜新人保育者チェックリスト＞（例）

	チェック項目	判定
1	遅刻・欠勤・早退はない	A － B － C － D － E
2	身だしなみは整っている	A － B － C － D － E
3	体調管理はできている	A － B － C － D － E
4	先輩たちに元気に挨拶している	A － B － C － D － E
5	笑顔がよく見られる	A － B － C － D － E
6	質問を積極的にしている	A － B － C － D － E
7	自分の意見を言えている	A － B － C － D － E
8	自分から仕事を見つけている	A － B － C － D － E
9	先輩からの質問にしっかり答えている	A － B － C － D － E
10	先輩からの指示を理解し、行動している	A － B － C － D － E
11	先輩とやりとりした際、泣くことはない	A － B － C － D － E
12	先輩と目を見てやりとりしている	A － B － C － D － E
13	集中して会議や打ち合わせに臨んでいる	A － B － C － D － E
14	会議や打ち合わせの際にしっかりメモをとっている	A － B － C － D － E
15	書類は期日までにきちんと仕上げ、提出している	A － B － C － D － E
16	居眠りやあくびは見られない	A － B － C － D － E
17	保育中、立ち尽くすことはない	A － B － C － D － E
18	子どもを過度に叱ることはない	A － B － C － D － E
19	担当する子どもは落ち着いている	A － B － C － D － E
20	保護者とスムーズにやりとりしている	A － B － C － D － E

【合計　　　　点】

【判定基準】

A＝まったくその通りだ　（0点）
B＝まあ、その通りだ　　（2点）
C＝どちらとも言えない　（3点）
D＝あまり、そうではない（4点）
E＝まったくそうではない（5点）

【結果の見方】

81点以上	深刻な不安・緊張状態
80～61点	かなり不安な状態
60～41点	やや不安で戸惑っている状態
40～21点	意欲を出しにくい状態
20点以下	期待を感じている状態

Chapter 1
2 メンター制度の活用

保育歴5年目のヒカリ先生がワカナ先生をフォローする様子を見た園長は……。

努力すべき方向は信頼できる先輩の姿を手がかりにしてもらう

注目されるメンター制度

　左ページのマンガで園長がひらめいた「メンター制度」という取り組みを耳にしたことがあるでしょうか？　近年、効果的な新人研修を模索する企業において、注目・導入されている新たなサポートシステムです。

　具体的には、所属する部署の上司とは別に、経験豊富な先輩社員を新入社員の指導・相談役として任命し、業務を遂行するうえで必要なスキルを伝えたり、不安・悩みなどの解消を図るメンタルサポートを展開する人材育成法です。特定の先輩社員と個別の関係ができることで、新入社員も安心して相談することができ、会社になじみやすくなります。自己課題に即したサポートが受けられることで、状況に応じた対応力も早めに身に付くようです。

　厚生労働省もこのメンター制度に注目し始め、新人研修だけでなく、女性社員の活躍推進のため、『メンター制度導入・ロールモデル普及マニュアル』を作成しています。教育界でも、いまだ少数である女性研究者への支援として導入している大学も見られます。その意味では、メンター制度は新人研修だけにとどまらず、キャリア形成の方法としても注目されているわけです。

　新人・若手保育者に「見て盗め（学べ）」という姿勢を簡単に求められる時代ではありませんから、活用を試みたい方法の1つと言えるでしょう。

メンター制度の仕組み

　メンター制度は、基本的に支援者となる先輩保育者と、被支援者となる新人・若手保育者との一対一の関係で展開されます。

　このうち、支援者側は「メンター（Mentor）」、被支援者側は「メンティ（Mentee）」と呼ばれます。そして、メンターがメンティを継続的にサポートし、心理面・キャリア面の双方から支援していく営みは「メンタリング（Mentoring）」と呼ばれます。メンターとメンティという一対一の関係は、その昔、職人の世界に見られた師匠と弟子の関係に似ているため、「現代の徒弟制度」とも呼ばれます。

　ただ、メンタリングはメンターを師匠のように絶対視したり、メンティが弟子として理不尽な要求に黙って従うことを強いるものではありません。ポイントは、メンティがメンターと同じ仕事をしながら支援されていくことです。その意味では、新人・若手保育者が業務に従事しながら専門的スキルを学んでいく「オン・ザ・ジョブ・トレーニング（OJT）」の1つとも言える研修方法です。

メンタリングの基本は対話

　メンタリングは、メンターの一方的な指導で展開されるものではなく、信頼関係を

基盤に、対話を通して、メンティの成長を促す方法です。つまり、メンターは指示・命令を行うのではなく、メンティの気づきを促し、自ら学ぶ姿勢を引き出すように心がけるわけです。

保育の世界で言えば、子どもの見方やかかわり方、また保護者対応などについて、メンターとなる先輩保育者との対話を通して、新人・若手保育者自身がわからないことや、身に付いていないことに気付いていく。そのうえで、先輩保育者に自ら相談し、助言をもとに、保育の進め方の基本を習得していく姿勢を引き出すわけです。

対話とは、基本的に対等な関係性のなかで成り立つものですから、メンタリングには上下関係をもち込まないようにしましょう。先輩保育者との間で対等性が維持・発展していけば、新人・若手保育者もメンターである先輩保育者をモデルにし、自己成長していけることでしょう。

メンターの資質・能力

メンタリングを進めるうえで、先輩保育者が務めるメンターの役割はたいへん重要です。

例えば、子どもを保育する資質・能力と、メンターとしてメンティの話を聞いたり、保育スキルをわかりやすく気付かせたりする資質・能力は、必ずしも両立するわけではありません。ですから園長などの管理職

■ 信頼できる先輩をモデルにしたメンター制度で新人保育者の自己成長を促す

は、保育経験の長い者からという基準でメンターを選ぶのではなく、各自の適性を見極めた人選を進めていく必要があります。また、一対一の関係で進められるメンタリングの特徴を踏まえると、メンターとメンティとの相性も重要です。新人・若手保育者の性格を踏まえ、相性の良さそうな先輩保育者をメンターとしていきましょう。

先輩保育者もメンターとなることで、中堅リーダー（ミドルリーダー）として成長していくことができます。こうしたメンター制度導入のもう1つの意義を管理職が自覚できていれば、保育経験が浅い保育者を抜擢することがあってもよいでしょう。

また、園によっては、特定の先輩と後輩との間に「良い関係」が生まれ、自然なかたちでメンタリングが展開されているケースもあるでしょう。メンター制度の導入は目的ではなく手段ですから、制度化にこだわることがないようにしましょう。

Flow Sheet

メンター制度を導入してみよう

メンター制度を進めるステップを示してみました。
次の手順を参考に、具体的に取り組みたい内容を考え、実施計画を立てていきましょう。

STAGE 1 「メンター」と「メンティ」を選定し、マッチング（組み合わせ）を決める
（例：新人・若手保育者の個性に合った先輩保育者を選ぶ）

STAGE 2 「メンター」と「メンティ」に対して事前の研修を行う
（例：メンタリングの趣旨や心構えを学ばせる）

STAGE 3 メンタリングの進捗状況を把握し、フォローを行う
（例：双方の感想を聞き、当事者で解決しきれない問題は支援する）

STAGE 4 実施内容を振り返り、改善に向けた課題を整理する
（例：設定期間の終了時点で、次なる支援体制を考える）

参考：ポジティブ・アクション展開事業研究会（座長 木谷宏）『メンター制度導入・ロールモデル普及マニュアル』
　　　（平成24年度　厚生労働省委託事業）

Chapter 1
3 コーチング理論の応用

メンターになったヒカリ先生。ワカナ先生への接し方に試行錯誤していると……。

成長するための道筋が見えるような対話を重ねる

問われる保育者の自主性

スポーツの世界、特にチームスポーツでは、試合中、選手一人ひとりが適切に状況を判断し対応ができるチームが「勝つ」、また「結果を残す」と言われています。実際に試合をするのは監督・コーチではなく、選手自身ですから当然なことです。

こうした「勝てるチーム」ではトレーニングも選手が自主的に行う傾向が強いようです。保育とスポーツの世界を「全く同じ」と言うつもりはありませんが、指示待ちではなく、果たすべき役割を自覚し、自主的に行動に移す姿勢は、保育者にも求められるものでしょう。

コーチングとは

近年、こうした姿勢や力量を育成する方法として注目されているのが、ヒカリ先生に投げかけられた「コーチング理論」です。

人材育成においてコーチングの普及活動を活発に行っている播摩早苗氏によれば、コーチングとは「会話によって相手の優れた能力を引きだしながら、前進をサポートし、自発的に行動することを促すコミュニケーションスキル」(『保育者を育てる！悩めるリーダーのためのコーチング』フレーベル館、2016)のことを指します。

このように、コーチングでは、コーチ役の者がクライアント（コーチを依頼した者）との対話を大切にしながらサポートしていきます。支援する側とされる側との関係性、目標達成を願う本人の能力開発などに効果的な人材育成法として、ビジネスや心理臨床、介護など、幅広い分野で活用されています。

答えではなく選択肢を示す

コーチングでは、クライアント本人が問題に気付き、その解決策を自ら見出す姿勢を大切にします。

例えば、保育経験の浅い若手保育者は、問題自体に気が付かないことがあります。また、たとえ問題を見つけても、対応の仕方がわからず、事態を悪化させる場合もあります。

こうした状況を見つけると、思わず「いったい何してるの！」と叱りたくなる方も多いことでしょう。気持ちはわかりますが、叱ったところで、本人が変わらない限り、同じことをくり返すだけです。

そこで、大切になるのが、若手保育者自らが問題を見つける力、また解決していく力を身に付けることです。

コーチングでは、こうした力量の形成をコーチがクライアントと対話するなかで行っていくわけですが、その際重視されるのは、クライアントが目標としたいものを明確にするとともに、目標達成に向けた効

果的な選択肢を複数示すことです。

　例えば、ある子どもへの対応がうまくいかない時、まず、若手保育者本人が子どもとどのような関係になることを望んでいるのかを確かめます。次に、希望する関係になっていない理由を見つけるための視点をいくつか示します。そのうえで、改善に向けた対応方法をいくつか提案し、試みることを促すわけです。

　こうした支援を丁寧にくり返せば、若手保育者も次第に目標とすべき方向がはっきりし、その達成に向け、何を努力・工夫していけばよいのかに気付いていけることでしょう。

　コーチングは、悩む人に単に寄り添うこととは異なります。対話を通して問題の所在を把握し、まず当事者意識を高めながら、本人が問題を解決していけるための方策を具体的、かつ多様に示していきましょう。

コーチ役に求められるもの

　コーチ役となる保育者は、「育つべきは若手保育者本人である」ことを自覚したうえで、対話を重ねる姿勢が求められます。その意味では、粘り強さが必要となるでしょう。

　また、相手に具体的な選択肢を示すためには、自らが積み重ねてきた保育実践、つまり、子どものかかわり方や環境構成の方法などを客観的に振り返り、そのポイント

■ コーチ役は選択肢を複数示して「指導」ではなく「支援」を行う

を具体的に説明できる力も必要です。

　さらに、若手保育者が目の前の課題を解決しながら、子どもを見る目や保育技術など、保育者としての専門的力量を向上させていくことにつながる支援も心がけねばなりません。

　スポーツやビジネスの世界で注目されているプロフェッショナルコーチにまではならなくとも、若手保育者の育成を「指導」ではなく、「支援」として展開していくためには、コーチ役の保育者にもそれなりの研修が求められます。

　「良きチームには良きコーチあり」──。先輩と若手との間に良きパートナーシップを築くためにも、コーチ役となれる保育者を育てる研修も設定していきましょう。近年、キャリアアップ研修が注目されていますが、専門リーダーの育成研修の中に、人材育成法の1つとしてコーチング理論の習得を含めることも一案でしょう。

Flow Sheet

コーチングに取り組んでみよう

コーチング理論の代表的な手法を保育バージョンとして整理してみました。
次の手順を参考に具体的なアプローチを考え、各ステップがつながるように展開していきましょう。

STEP 1
若手保育者を観察する
（例：保育の様子を見る）

STEP 2
若手保育者と課題を共有する
（例：困っていることを聞き取る）

STEP 6
成果を確認し、認める
（例：良い対応場面をほめる）

STEP 3
目標と解決策を考える
（例：どうしたいかを聞く）

STEP 5
必要な支援を行う
（例：次なる対応のヒントを示す）

STEP 4
若手保育者に任せる
（例：失敗を恐れず、トライすることを促す）

Chapter 1 - 4 事例検討のすすめ

日々の保育に慣れ始めたワカナ先生。子どもの遊びを広げたいと考えますが……。

具体的な保育場面を通して保育のイロハを学ばせる

求められる自己判断力

保育経験が浅い若手保育者であっても、保育者である限り、子どもとのかかわりは自分の判断で進めることになります。たとえ複数担任制であっても、常にベテランが脇にいて、子どもとのかかわり方を手取り足取りサポートしてくれるわけではありませんから、当たり前のことですね。そのため、若手保育者であっても「今、子どもとどうかかわるべきか」を自分で判断していく力が求められるわけです。

判断力を養うためには

保育は「実践」ですから、より良い判断力を養うためには、自らの実践が適切であったかどうかを事後に検討していく「事例検討」が最も効果的な方法だと思います。

自分が実際に行ったことを検討の俎上にのせることは、精神的につらい時もあります。特に、未熟さが残る若手保育者の場合、大半の実践は失敗続きで、「振り返れば振り返るほど落ち込んでしまう」というケースもあるでしょう。

そんな時は、ベテランが自分の失敗例を具体的に紹介しながら、「何年経っても、実践に失敗はつきものよ」と優しく声をかけ、安心させていきましょう。若手保育者も先輩保育者たちが自分と同じ道を通って成長していること、また、現在でも失敗から学んでいることに気付けば、自分の失敗例にも真摯に向き合い、成長していこうという意欲も高まるはずです。

事例収集の方法

具体的な保育場面を通して、自らの実践を振り返るためには、まず保育の記録をとることから始める必要があります。

保育の記録方法は、大きく分けると文字記録とＡＶ（audio visual）記録の２種類が挙げられるでしょう。いずれも、事実を正確に記録することが、より良い振り返り作業に役立つわけですから、理想を言えば、実践の当事者でない人が記録できるとよいでしょう。つまり、第三者的な視点をもつ客観的な記録を心がけるわけです。

特に、ＡＶ記録の中心となるデジタルビデオカメラでの撮影は、実践の当事者ではなかなか難しいわけですから、フリーの保育者に依頼するとよいでしょう。ただ、映像は時に予期せぬ反響をもたらすこともありますから、撮影場面は実践の当事者とよく相談しておくことが大切です。

こうした状況を踏まえると、やはり記録の大半は当事者が事後、自らの実践を思い出し、文字で記録していく方法が中心となるでしょう。いわゆる「思い出し記録」ですが、これを自らの考察・反省も踏まえて、振り返り資料としてまとめていくわけです。

失敗場面だけでなく、発見や感動した場面も取り上げていけば、子ども理解、保育理解もより深まることでしょう。

こうした記録方法は目新しいものではありませんが、当事者としての思いがこもっているだけに、若手保育者が実践上の課題を自覚することにも役立つはずです。

さらに、文字で記録していく方法も、事例の状況によって多様であることを伝えていきたいものです。例えば、動きだけではなく、保育者と子どもの言葉のやりとりをもらすことなく書きとめる「逐語的な記録（プロセス・レコード）」、遊びの状況を遊具の配置図などに基づいて書き記す「環境図を活用した記録」、印象に残った場面を読み物風に書き綴る「エピソードによる記録」などです。こうした方法を具体的に伝え、子どもとのやりとりが映像となって浮かんでくるような記録をとるよう、促していきましょう。

事例検討の方法

実践の振り返りは、まず当事者自身が記録を書きながら、自ら行うことが大切です。

加えて、園内研修として、その記録を同僚や先輩保育者に提示し、一緒に振り返りを進めてもらうことも必要になります。その際、同僚や先輩保育者たちに心がけてほしい姿勢は「否定」や「非難」ではなく、共に実践を味わい、保育者としての直感に基づき、その勘所を押さえた「批評」です。

つまり、事例検討に集う全員が保育者としての感性をもとに、子どもの気づきや実践した当事者の思いを共感的に読み取り、子ども理解や対応のポイントを見出していくのです。言い換えれば、問題点ばかりを指摘し、若手保育者を責め立てるのではなく、「自分だったら……」といった姿勢から、若手保育者が気付かない点を伝えていくわけです。

さらに、毎回は無理でも、第三者的な立場で実践を共に読み解いてくれる研究者を招き、検討していく方法も有効です。いわゆる、意図的に立場が異なる人々を集め、1つのテーマを多角的に検討・協議する「保育カンファレンス」です。こうした多様な検討方法を活用し、若手保育者の成長を促していきましょう。

■ 保育場面を記録して批評しながら振り返る

Flow Sheet

事例検討を通して保育の質を高めよう

事例検討を中心に、若手保育者の資質・能力の向上、また保育の質的向上につなげる取り組みを考えていきましょう。カリキュラム・マネジメントの確立にもつながるはずです。

P（Plan）
見通しを立てる
（例：適切な実態把握に基づく
指導案作成など）

A（Act）
改善する

事例検討を通して
園内研修を行う
（例：記録に基づく自己省察や
保育カンファレンスの実施など）

A（Act）
改善する

D（Do）
実践する
（例：子どもの想いを大切にした
保育の展開など）

C（Check）
評価する
（例：保育者としての自己評価の
推進など）

A（Act）
改善する

Chapter 1 - 5 外部研修の精選

園内研修について話し合う先生たち。新しいことに挑戦したい気持ちはありますが……。

専門的力量の向上につながる研修に参加する機会を設ける

外部研修の充実

　園内研修の充実に加え、外部研修に参加すると若手保育者の視野も広がります。最新の保育知識や技術の修得はもちろんのこと、他園の保育者と交流できれば、自園の保育の魅力と課題に気付く機会にもなるでしょう。経験年数に応じた研修もありますから、遂行すべき職務や役割に応じた内容を選び、参加を促していきましょう。

　実技講習ばかりではなく、保育観や子ども観を深める研修にも積極的な参加を促したいものです。

研修参加の体制保障

　外部研修は平日と休日、また日中と夜間など開催パターンに違いが見られます。参加者の負担を考えれば、平日の日中に開催される研修に参加できるのが理想ですが、そのためには代替保育者の確保が不可欠です。夜間など勤務時間外での研修参加の場合は、代休の確保や時間外手当の支給など、相応な処遇も求められるでしょう。

　園長などの管理職には、こうした体制づくりも課題となります。近年、園長の責務として、研修機会を確保することが重要な課題となっています。教職員が必要な研修に計画的に参加できるよう、職場環境を整えていきましょう。

若手保育者の研修課題

　新人・若手保育者には学ぶべき課題がたくさんあります。大学などの養成校で学習し、資格・免許を取得したとはいえ、保育は「実践」ですから、就職してからが「本当の学び」のスタートです。

　例えば、子ども理解や保育方法に必要な基本的な知識や技能を高めるとともに、ほかの教職員や保護者と円滑にコミュニケーションができる能力を身に付けていく必要もあるでしょう。近年、大人とのかかわりが不慣れな若手保育者も増えていますから、心がけたい研修課題の1つです。

　また、各自のもち味や特技を活かした得意分野の育成も大切な課題です。自己肯定感を高め、自信をもって職務が遂行できるような研修内容を選択していきましょう。

研修形態にも注目しよう

　研修というと、講師の話を聞くというスタイルをイメージする方が多いようです。

　例えば、『幼稚園教育要領』や『保育所保育指針』『幼保連携型認定こども園教育・保育要領』が改訂（定）されると、各自治体単位で説明・解説をテーマとした研修も設定されます。こうした新たな情報は自分で文献や資料を読むだけでは理解しきれない部分も多いだけに、専門家の話をしっか

り聞く機会をもつことはとても大切です。

ただ、近年はこうした講義形式の研修ばかりではなく、実践を学ぶ演習形式の研修も増えています。参加者をグループに分け、少人数で事例を検討し合うグループディスカッションや、保育教材を創作していくワークショップなどが代表的なものでしょう。こうしたディスカッションやパフォーマンスを主にした研修は、より主体的に学習する機会となります。体験的な学習にもなるため、実践力の向上にも効果的と言えるでしょう。こうした学習スタイルの違いにも注目し、年間の外部研修プログラムを組んでいくことを心がけたいものです。

研修期間の工夫

さらに、研修を1日2時間程度の単発的な取り組みと限定せず、継続的なスタイルを採用することも考えてほしいと思います。

外部研修の中には、同一テーマを月1回程度、継続的に学習する企画もあります。また、1～2泊程度の宿泊を伴う研修も見られます。こうした研修は、他園の保育者との交流を深め、視野を広げる機会にもなるでしょう。保育者としての資質・能力の向上や、実践的な力量を身に付けることは、一朝一夕に実現するものではないだけに、園内外を問わず、継続的に学習していく機会を大切にしていきたいものです。

自主研修の機会も大切に

「自ら課題を見つけ、自ら学び、自ら考え、主体的に判断し、より良く問題を解決する資質や能力を育成する」といった教育目標を、しばしば耳にします。こうした力量や育成のコンセプトは、若手保育者の育成にも当てはまるものでしょう。だとすれば、研修も若手保育者が自ら選び、取り組む姿勢を大切にしていく必要があります。

具体的には、民間の研修を若手保育者自身が見つけ、自発的に参加する機会を保障することです。また、園内外を問わず、同じ思いの仲間を見つけ、サークル活動のように自主的に研修する機会を見守っていくことも大切です。「かわいい子には旅をさせよ」の精神で任せてみるのも一案でしょう。

■ 近年は演習形式の研修も増えている

Report Paper

外部研修の内容を整理・共有していこう

　研修報告書が形式化しているケースも見られます。せっかくの機会を無駄にしないためにも、参加者が研修成果を整理でき、同僚とも共有しやすい内容にしていきましょう。

＜研修報告書の様式＞（例）

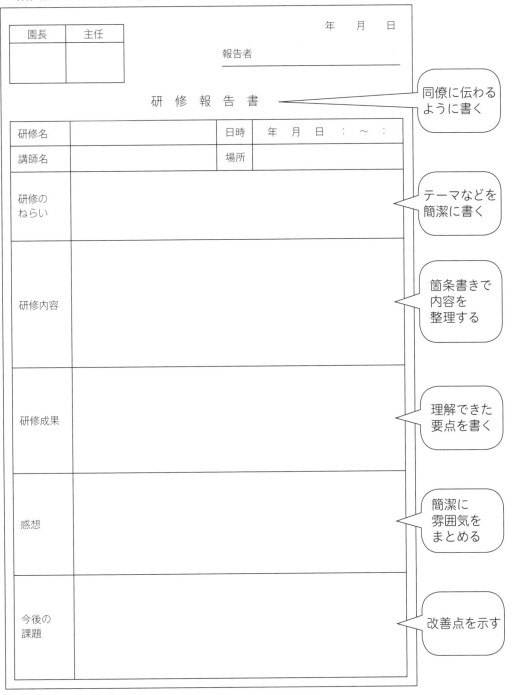

Chapter 1 - 6 個性の活かし方

苦手なピアノに奮闘するワカナ先生。頑張って練習してはいるけれど……。

若手の個性を伸ばすことで教職員集団の資質向上につなげる

教職員の個性に注目しよう

保育の質を高めるためには、教職員が「一枚岩」となり、日々の実践を改善し合うことが大切です。

ただ、一枚岩を目指すとなると、園によっては、全教職員に同じ行動、ふるまいを求めてしまうかもしれません。「まとまり」は大切ですが、皆が同じ考え、そして行動をとるばかりでは、新しいものは生まれません。そこで、改めて注目したいのが、教職員一人ひとりの個性です。

埋もれている個性を引き出す

よく見れば、教職員一人ひとりには、キラリと光る個性がたくさんあるはずです。

例えば、児童文学や演劇が好きで、学生時代から劇団などに入り全国各地をキャラバンで回り、子どもたちを楽しませてきた人がいるかもしれません。

また、スポーツや音楽などの芸術分野が得意で、今でも競技会や発表会、コンテストに参加している人もいるかもしれません。

さらに、そこまで本格的に取り組んではいないものの、絵本やピアノ、あるいは絵を描くことや体を動かすこと、また手芸などの物作りが好き、という人も含めれば、教職員一人ひとりには、ほかの人とはひと味違った魅力がたくさんあるはずです。

若手保育者の場合、先輩保育者に遠慮し、得意なことや好きなことを言い出しにくい面もあるようです。だとすれば、採用時の履歴書を改めて確認し、趣味や特技などを把握し、その個性、また能力を発揮してもらうように促す必要があるでしょう。

得意分野の育成につなげる

ただ、保育は仕事であり、趣味を謳歌する場ではありません。

ですから、若手保育者がもともともっている個性や能力は、保育者としての専門的力量を高めることにつなげていく必要があります。つまり、得意分野を育成していくわけです。

例えば、体を動かすことが好きな若手保育者であれば、運動的な遊びや活動を考案し、実践してもらう。また、絵本を読んだり、絵を描いたりすることが好きな若手保育者には、言語あるいは表現活動について、新しい取り組みに挑戦してもらう、といった機会を積極的に設けるわけです。

もちろん、うまくいかないケースもあるでしょうが、それを責めず、新しいアイデアを示し、挑戦したことを認めていけば、若手保育者も自分の個性や能力に自信をもつことができるでしょう。ベテラン保育者がもちがちな既成概念を打ち破る機会にもなるはずです。

「好きこそものの上手なれ」という諺もありますから、成果を急がず、まずは各自が興味・関心がもてる事柄をベースに、新たな保育活動に熱心に取り組む姿勢を見守ってあげましょう。

研修を通した得意分野の向上

得意分野を伸ばすためには、園内研修にとどまらず、外部研修への参加を積極的に促すことも大切です。

外部研修には、保育内容別の研修も多数見られます。特に、民間主催の企画は、研修内容もバリエーションに富み、継続的な研修もあります。園長などの管理職は、そうした研修案内を積極的に情報開示し、参加を促していきましょう。ネット世代である若手保育者なら、自らユニークな研修を見つけることもできるでしょう。そうした情報も含めて良質な研修を見極め、可能な範囲で参加費の補助をしていけば、若手保育者の研修意欲もさらに高まることでしょう。

ただ、魅力的な研修だからといって、すべての若手保育者を同じ研修に参加させることには注意が必要です。大切にしたいことは、各自の個性に基づく得意分野を向上させていくことですから、基本的には、本人に興味・関心がもてる内容を選択させ、自主的・主体的に研修に臨めるようにしていきましょう。

■ 各々の得意分野を活かせる実践で個性を引き出す

個性発揮と協働性の向上

保育者として育成したい得意分野は、保育の実技系の分野に限ったものではありません。個性は目に見える能力だけでなく、物事の見方・考え方にも反映されるわけですから、子ども理解を深めたり、保育実践を見直したりする際にも、若手保育者がもつ個性は活かされなければなりません。ですから、保育の専門的知識の学習も重視し、その保育者がもつ見方・考え方が深まるように促していきましょう。

こうして若手保育者が成長していけば、教職員集団も個性あふれる組織として活性化し、協働性も高まっていくことでしょう。先輩保育者を尊敬しつつも、保育のあり方については対等な立場から忌憚なくやりとりできるように成長することは、園の保育力を高める原動力になると思います。

Flow Sheet

得意分野を保育の充実に活かそう

　若手保育者の好きなこと、得意なことを見つけていきましょう。参考として、特技や趣味として、よく挙げられるものを例示してみました。若手本人の資質・能力の向上はもちろんのこと、園の保育内容、また日々の仕事の改善に役立てていきましょう。

STEP 1 個人の好きなこと、得意なことを把握する

① 本人から聞く　　② 同僚から聞く　　③ 履歴書を確認する

STEP 2 集まった情報を整理する

内容	該当者	内容	該当者
得意な楽器がある		料理が得意	
コーラスが好き		得意なスポーツがある	
ダンスが得意		絵本が好き	
絵や工作が得意		演劇・人形劇の経験あり	
手芸が好き		パソコンに詳しい	

STEP 3 チャレンジさせたい業務を検討する

　上の表で挙げた該当者の得意分野を活かした業務として、どのようなものが考えられるでしょうか。1つの業務に対して複数人で協力して取り組めるようなものを挙げてみましょう。

例）音楽活動・教材の検討　　例）造形活動の開発　　例）ポートフォリオ作り

31

Chapter 1 - 7 公開保育の活用

「見る側」にも「見られる側」にも多くの学びがある公開保育。上手に活かすには？

保育の成果と課題を第三者的な立場で捉える

「見て学ぶ」機会を大切に

日々自らの実践を振り返り、その改善に努めることは、若手保育者に限らず保育者が自らの資質・能力を高めるうえで基本となる取り組みでしょう。

ただ、若手保育者の場合、保育経験が浅い分、振り返るべき視点が定まらないケースも多いようです。そうした戸惑いが見られる場合、おすすめしたいのが他者の保育実践を見ることです。

外部研修の中には、他園の保育を実際に見せてもらい、その後、実践者と参観者との間でその日の実践について協議し合う公開保育の企画も見られます。他者の実践を見学すると、保育を進めるイメージがより広がることでしょう。見学後、実践者と意見交換できれば、自らの保育を相対化する機会にもなるはずです。

公開保育は幼稚園の世界では比較的取り組まれてきた研修ですが、幼稚園に比べ、保育時間が長く、日中に研修を入れにくい保育所や幼保連携型認定こども園ではまだまだ少ない取り組みです。それだけに、勤務シフトを工夫し、日中、他園に出かける機会を設けてあげてほしいものです。見学後の考察を深めるためには、複数名での参加も促すとよいでしょう。

公開保育をきっかけに他園との交流を深め、日常的に情報交換できるようになれば、保育者たちの視野も広がることでしょう。

「見られる」機会も設けよう

他園の公開保育に出かけていくだけでなく、自園の保育を公開することも考えてほしい取り組みの1つです。

「見られる」立場に身を置くことは、正直、緊張しますが、それを少しずつ乗り越えていけば、若手保育者はもちろんのこと、すべての保育者にとっても、自らの保育に自信が芽生えてくることでしょう。

園の保育方針や保育内容・方法が異なるのはもちろんのこと、子どもとの接し方の感覚が異なる他園の保育者からの意見は、自園で「常識」と思っていた部分を見直す機会にもなるはずです。

できれば年に1度は公開保育を実施し、新鮮なまなざしを受け、自己点検を進めていきたいものです。

公開保育に臨む姿勢

他者の実践を見ると、善し悪しを即断する保育者もいるようです。

しかし、どんな実践も良い面もあれば、そうでない面もあるはずです。ましてや、保育実践には予測していない出来事もたくさん起こります。公開保育という、いわば「見られている」状況下では、普段通りに対応できない保育者も多いはずです。

だとすれば、「見る側」も「見られる側」

も、公開保育は非日常的な面が多く見られることを自覚しておくことが大切となるでしょう。

特に、「見る側」には実践する当事者の立場を理解する姿勢が求められます。いわば、「思いやりの心」をもって公開されている保育を捉えるのです。そのように見れば、冷静かつ客観的に保育の成果と課題を見出すことができるでしょう。そのためには、「見る側」もしっかり記録をとりたいものです。事実に基づかず、単なる印象だけで保育を捉えてしまうと、誤解や勘違いも生じます。それでは「見られる側」に対しても失礼でしょう。

こうした点に留意し、「あたたかいまなざし」のなかで公開保育を進めることができれば、「見る側」「見られる側」双方にとって、良い学びの機会になると思います。

「公開保育なんて、二度とやりたくない」――そんな後悔を残さないためにも、心がけてほしい姿勢です。

公開保育の準備と振り返り

公開保育を若手保育者が成長する機会にするためには、十分な準備と事後の丁寧な振り返りも大切です。

まず、準備するうえで心がけておきたいことは、「立派な保育」を見せるのではなく、「ありのままの保育」を公開する姿勢を確認しておくことです。

■「見る側」にも「見られる側」にも成果と課題が見えてくる

次に、「見ていただく視点」を整理しておくことも大切にしたい点です。具体的には、公開保育用に日案を作成し、見学者に配布します。さらに、見学後、協議したい視点も資料として提示しておきます。こうした手がかりがあれば見学者は保育を見やすく、見学後も意見が出しやすいでしょう。公開保育の主役、つまり公開保育を通して学びを得たいのは「見られる側」ですから、自ら学びたい点を整理し、見学者にあらかじめ提示しておくようにしましょう。

さらに公開保育後、実践者を中心に、その成果と課題を整理する作業も大切にしましょう。自らの保育を公開した労をねぎらいながら、園長や先輩保育者が同情、慰めとは異なる適切な助言をするなど、若手保育者自身が翌日の保育から自らの対応を変えていけるような支援を心がけましょう。

Flow Sheet

公開保育の準備を進めよう

　園全体で公開保育を進めるために必要なことを考えてみましょう。主たる担当者も決めて、任せていけるとよいですね。次の手順を参考に、ステップごとに決まったことをシートに記入してみましょう。

STEP 1 公開保育の目的を考える（担当：　　　　　　　　　　　　　）

STEP 2 公開するクラスと公開日時を決める（担当：　　　　　　　　　　　）

STEP 3 協議内容を検討する（担当：　　　　　　　　　　　　　　）

STEP 4 当日のプログラムと役割分担を決める（担当：　　　　　　　　　　）

STEP 5 公開保育の案内を作成し、配布する（担当：　　　　　　　　　　）

STEP 6 日案や協議資料を作成し、当日を迎える（担当：　　　　　　　　　）

Chapter 1 - 8 交換保育に挑戦

学びの機会は探せば豊富にあるものです。身近なところに目を向けてみると……。

ほかのクラスを担当することで自身の成果と課題を発見させる

互いの保育を交差させた試み

かなり昔の話ですが、保育現場で科学的に実践を検討しようという動きが盛んであった1970年代、「交差研究」また「交差保育法」という取り組みがありました。

このうち「交差研究」とは、共通の実践的課題を仮説として設定し、複数園で平行して実践・検証し、その結果を突き合わせるというものでした。結果を交差させると、保育条件や地域差などによって展開に違いが見られます。その違いの意味を考え、新たな仮説を保育プランとして立案し、継続的に実践・検討し合ったのです。

また「交差保育法」は、「交差研究」をより実践的に展開するもので、近隣の園同士で合同保育を企画し、その際、あえて他園の子どもを担当し合うという取り組みでした。実際の保育を交差させることで、共通の実践的課題を発展させる保育者のチームワークのあり方などが検討できると考えられていました。

「交換保育」とは?

ここで提案したい「交換保育」とは、「交差研究（保育法）」にヒントを得、園内で一時的にクラス担任を交換し合うという取り組みです。

互いに人である子どもと保育者がかかわり合う保育実践は、頭で考えたことを言葉で確かめ合うだけでなく、勘所を身体で感じ、身に付けていくことも求められます。ましてや、保育の専門的知識や経験が少ない若手保育者にとって、体験的に保育の仕方を学ぶ機会はとても大切です。その1つとして、交換保育に挑戦してみてはいかがでしょうか。

交換保育の進め方

一時的に担任を交換する方法は、できるだけ子どもが戸惑いなく対応できることを踏まえると、4・5歳児クラスで実施するのが適当でしょう。同年齢のクラスが複数ある園では、同じ年齢同士の担任間で保育を交換し合うと、より効果的に日頃の実践の成果と課題が把握できることでしょう。

また、実施時期はクラスが安定する年度後半がよいでしょう。実施時間は、子どもへの負担を考えると、長くとも2時間程度が適当だと思います。

さらに、事後に互いの子ども理解や保育の仕方を検討し合うため、保育場面はあえてクラス全員を対象とした一斉活動とするのがよいと思います。例えば、同じテーマによる絵画活動や、食事の準備から片付けまでの時間帯を指導し合うわけです。

事前には指導案に基づく打ち合わせ、そして事後には結果に基づく話し合いをしっ

かり行い、互いの力量を向上させる機会としていきましょう。

気付き合いたい視点

ほかのクラスを保育してみると、ちょっとした言葉かけが通じない場面に出合います。

例えば、自分のクラスであれば、「椅子に座って、丸くなって」と言えば、すぐにサークル状になってくれるが、ほかのクラスの子どもには通じず、「丸くって何……？」とキョトンとしている、といった場面なども見られるかもしれません。

また、子どもの何気ない行動に違和感を覚えることもあるでしょう。例えば、絵本を読み聞かせていると、想定外のところで子どもが笑い出し、そのまま子ども同士がおしゃべりを始める、といった場面に遭遇するかもしれません。しかし、こうした意外な出合いや気づきこそ、交換保育のいちばんの意義です。

月日が経つと、子ども側も担任のふるまいや言葉遣いに慣れ、その思いを先読みし、行動していくことも増えます。特に、4・5歳児であれば、年度の後半にこのような姿がしばしば見られます。こうした子どもとのスムーズなやりとりを実感する時、「私のクラスとなった！」と手応えを感じる担任も多いことでしょう。もちろん、そうした状態や子どもとの関係性がすべて悪いわけで

■ 担任を交換することで
　互いの保育の課題を見直す

はありませんが、もし子ども側が自己発揮をためらい、行動を抑制しているとしたら、見直しが必要です。

交換保育は、時間経過に伴う「わがクラスの常識」を見直す絶好の機会となるはずです。

さらに、若手保育者は自分の保育に自信がもてず、先輩保育者からの指摘に萎縮する傾向も見られます。しかし、クラスの子どもとかかわってきた月日の長さには、若手保育者と先輩保育者の間に差はありません。保育技術は未熟でも、クラスの子どもたちと良好な関係を築く若手保育者もたくさんいるでしょう。交換保育はこうした事実にも気付く機会になるはずです。互いの保育を絶対視せず、ニュートラルな姿勢で日々の実践に臨むためにも、時に担任を交換し合い、双方のクラスの子どもたちの姿から学び合うことを心がけましょう。

Check List

交換保育の成果と課題を整理してみよう

　交換保育の成果と課題をきちんと情報交換し、互いの保育を見直していきましょう。実施後、子どもの様子を下表でチェックします。担当した保育者による評価（他者評価）だけでなく、クラス担任自身が普段どう考えるか（担任自己評価）も加えていきましょう。

<交換保育振り返りチェックリスト>（例）

	チェック項目	他者評価	担任自己評価
1	明るく伸び伸びしている	3 − 2 − 1	3 − 2 − 1
2	自分でできることは自分でしようとする	3 − 2 − 1	3 − 2 − 1
3	見通しをもって行動している	3 − 2 − 1	3 − 2 − 1
4	子どもたちの仲が良い	3 − 2 − 1	3 − 2 − 1
5	男女がよく交流している	3 − 2 − 1	3 − 2 − 1
6	自分の考えを進んで話そうとする	3 − 2 − 1	3 − 2 − 1
7	特定の子どもを責めることがない	3 − 2 − 1	3 − 2 − 1
8	孤立している子どもがいない	3 − 2 − 1	3 − 2 − 1
9	困っている友だちを助けようとする	3 − 2 − 1	3 − 2 − 1
10	必要な場面で協力しようとする	3 − 2 − 1	3 − 2 − 1
11	良いことと悪いことの区別がついている	3 − 2 − 1	3 − 2 − 1
12	先生の話をしっかり聞こうとする	3 − 2 − 1	3 − 2 − 1
13	先生の指示ばかりを求めない	3 − 2 − 1	3 − 2 − 1
14	友だちの話に耳を傾けようとする	3 − 2 − 1	3 − 2 − 1
15	生活のルールがわかっている	3 − 2 − 1	3 − 2 − 1
16	疑問をもち、聞こうとする	3 − 2 − 1	3 − 2 − 1
17	自分で工夫しようとする	3 − 2 − 1	3 − 2 − 1
18	想像力が豊かである	3 − 2 − 1	3 − 2 − 1
19	表現することにためらいがない	3 − 2 − 1	3 − 2 − 1
20	必要な場面で協力しようとする	3 − 2 − 1	3 − 2 − 1

【判定基準】
3 ＝たいへんそう思う
2 ＝そう思う
1 ＝あまり思わない

【結果の見方】
チェックしたポイントが高いほど望ましいと言えます。また、他者と自己の評価にズレが生じていないかも重要です。「1」と評価された箇所については、掘り下げて検討する必要があるでしょう。

Chapter 1
9 研究活動の推進

これまでの取り組みを踏まえ、さらに学びを深めたい先生たち。次なる目標は？

実践研究を軸に若手保育者の資質・能力の向上を図る

研修から研究へ

　一般に、「研修」とは「職務上の知識や技能を高めるために、ある期間、特別な学習や実習を行うこと。また、そのための講習」を指します。こうした研修は、若手保育者が勤務する園の方針を踏まえて保育にあたるうえで、必要不可欠な取り組みと言えるでしょう。

　ただ、保育は勤務する園の方針に基づくだけでなく、子ども理解など、保育者自身がもつ力量によっても展開されます。そのため、保育者にはこうした専門的力量を絶えず向上させていくことが求められます。こうした力量を向上させるうえで必要となるのが研究的な姿勢です。

　ちなみに、一般に「研究」とは「物事を学問的に深く調べたり考えたりして、事実や理論を明らかにすること。また、その内容」を指します。

　「答えのない世界」とも言われる保育は、日々問題に遭遇していると言っても過言ではありません。だからこそ、「研修」という勉強の仕方をもう一歩高め、「研究」に取り組むことが大切になると思います。

保育者が行う研究の目的

　異論、反論があることは覚悟のうえで、保育者が行う研究は、自らの専門的力量の向上、また実践の改善に役立つものを重視すべきだ、と言っておきます。

　もちろん、研究は前述した定義の通り、学問的な関心に基づき、物事の事実や理論、いわば真理を探究する取り組みです。大学教員などの研究者は、そうした真理の探究を仕事としているわけです。そのため、研究者が行う学術的な研究の成果は、すぐに実生活に役立つものばかりではありません。

　しかし、保育者は実践者です。明日も子どもを保育することが待っており、その充実を図ることが最優先の課題です。

　だとすれば、保育者が取り組むべき研究は「研究のための研究」ではなく、自らの専門的力量のアップや、実践の改善に役立つものとしたいはずです。そうした研究姿勢を大切にしていけば、取り組みたい研究課題も自分から見つけることができるでしょう。そして、忙しいなかでも研究課題を探究していく意欲も高まるはずです。

実践研究のスタンス

　実践者である保育者による研究は、自分が行っている保育を対象に行う「実践研究」が基本となるでしょう。ですから、研究の方法も「事例研究法」が主となります。

　具体的には、課題となる自らの実践を丁寧に記録し、その事実を詳細に把握したうえで、子どもの見方やかかわり方を考察するわけです。なお、事例研究法を進める

41

ことに役立つ記録方法については、すでに「4　事例検討のすすめ」（20～23ページ）で述べていますから、詳しくは、そちらを参照してください。

さて、研究というと、仮説に基づいて調査をし、検証するという、いわゆる「仮説検証型」が一般的です。しかし、実践研究の場合、事例に基づいて考察していくため、「このように考えるべきかもしれない」という仮説が結果として生み出される「仮説生成型」の研究が主となるでしょう。

また、特定の事例に基づく結果は、その場面だからこそ有効性をもつのであり、場面が変われば、別な対応も考えられるはずです。ですから、特定の事例に基づく実践研究の場合、得られた研究成果をすぐに一般化することは難しいですから、継続的に研究を重ねることも求められます。

このように、実践研究は一般的な研究とは異なる姿勢で臨むことが求められます。

研究活動の進め方

保育者が行う研究は、問題を見つけた時に開始されることが理想です。ただ、研究活動に慣れていない場合、各自の自発性に委ねるだけでは不十分なことも多いでしょう。

そこで、園によっては年度当初に研究課題を設定し、園内研修の一環として定期的に「園内研究会」を実施するケースも見ら

■ 実践研究を進めることで専門的力量の向上を図る

れます。例えば、「ごっこ遊びを充実させる環境構成のあり方を考える」といった実践的なテーマを園として設定し、すべての保育者がテーマに関連する事例を収集し、子どもの発達やクラスの実態に即した環境構成法を検討・協議していくわけです。また、「個人研究」と「共同研究」を上手に組み合わせ、多角的に研究テーマを深めていく方法を採用している園もあります。園として研究費を確保し、進めていきましょう。

さらに、研究結果を冊子化し、年度を超えて園の財産としている園もあります。複数園を経営する法人では、法人内で研究大会を開催しているケースもあります。園が所属する保育団体や学会での研究発表に挑戦する園も見られます。こうした研究結果をまとめたり発表したりすることは、教職員間で研究成果を共有するとともに、第三者の視点を活用する機会にもなります。あわせて積極的に取り組んでいきましょう。

Flow Sheet

研究活動を進めてみよう

　保育の質的向上、また保育者の資質・能力の向上に役立つ研究活動に取り組んでみましょう。研究テーマを見つけたら、次の手順を参考に、ステップごとに取り組むべき作業を具体的に考え、決まったことをシートに記入してみましょう。

STEP 1 研究の目的を設定する
（例：子ども理解、保育方法など）

STEP 2 先行研究を参照する
（例：インターネットなどを活用し、学会誌や大学紀要を検索する）

STEP 3 研究方法を決める（例：事例研究法、またはアンケート調査など）

STEP 4 調査する（例：研究方法に基づき、研究対象の実態を把握する）

STEP 5 調査した結果を整理し、分析・考察する
（例：感想ではなく、客観的に考える）

STEP 6 結論と今後の課題を考える
（例：わかったことと、わからなかったことを整理する）

Chapter 1 - 10 人材確保の方策

不足する人材をどう補うかは、多くの園での課題です。悩みを抱えた園長は……。

意欲あふれる学生の採用が組織活性化への起爆剤になる

潜在力をもつ人材の確保を

人間には適性というものがあります。したがって、職業も人によって向き不向きがあるでしょう。だとすれば、採用時、保育への意欲はもちろんのこと、保育者としての資質・能力が潜在的に高い人材を確保したいものです。求人数が新卒者を大きく上回る「売り手市場」の傾向が強い今だからこそ、保育者としての適性の見極めが大切になると思います。

「待ち」から「攻め」への転換

就職活動が「買い手市場」の時代は、求人票を出せば受験者が多く集まり、その中から優秀な人材を選ぶことも可能だったでしょう。しかし、「売り手市場」となっている状況では、「座して待つ」だけでは受験者は集まりません。

こうした状況を打破するためには、園側が養成校に出向くなど、「攻め」の姿勢が求められるでしょう。

例えば、養成校から求められる前に、園側から積極的に求人票を発送したり、ビジュアルを重視した求人専用のパンフレットを作成し、求人票とともに送付したりするなどの方法があります。ホームページの活用も、手始めとしては、比較的取り組みやすいものではないでしょうか。

さらに、園側が養成校に出向き、説明会を実施する方法も考えていきたいものです。理事長や園長などの管理職だけでなく、保育者も同行し、保育の魅力を具体的に伝えたり、個別相談を実施したりすれば、園への興味も高まることでしょう。年齢の近い若手保育者だと、より話をしやすいかもしれません。

1園あたりでの対応が難しい場合は、近隣園と協力し、合同で就職説明会を実施する方法も模索したいものです。自治体、または所属する保育団体レベルの園同士で協力・連携ができれば、養成校内だけではなく、公共施設やホテルなどを会場とした、よりオープンな合同説明会も開催できるかもしれません。こうした機会を設けられれば、新卒者だけでなく、既卒者にも注目してもらえるでしょう。

労働条件の情報公開

意識の高い人ほど、賃金や雇用形態、福利厚生面など、労働条件への関心が高いようです。

園によっては、いまだに「就業規則」や「給与規定」がない、また、あっても有名無実化している園もあるようですが、これでは現代の若者からは敬遠されてしまうでしょう。働く者の立場に立って労働条件を整備し、積極的に情報を公開していく——。そうした努力が、良き人材を集める可能性を高

めていくのだと思います。園、または保育界を、いわゆる「ブラック化」させないためにも、互いに努力していきたいものです。

採用試験の工夫

　書類審査と面接。保育界では採用試験の定番と言えるものでしょう。ただ、これだけで、受験者の性格や資質・能力といった適性を見極めることはなかなか難しいものです。そのため、園によってはペーパー試験や実技試験を課すケースもあります。

　しかし、これらの試験も万能ではありません。なぜなら、保育は「実践」であり、子どもや保護者など、人と上手にかかわる力が最も求められるからです。

　もちろん、こうした「実践力」を採用時に見極めることは至難の業です。しかし、その一端でも見ようとする機会をつくり、採用の可否につなげる努力は怠ってはなりません。

　園によっては、受験の有無以前に保育見学の希望者を積極的に受け入れ、見学する姿勢を注意深く観察しています。そのうえで採用試験の一環として、半日程度、保育参加してもらい、その様子から適性を判断するケースも見られます。保育に参加してもらえば、子どもとのかかわり方や園の教職員とのコミュニケーションのとり方も見えてきます。受験者の負担感に配慮しつつ、導入してみてはいかがでしょうか。

■「売り手市場」の今は、園側からの積極的な働きかけが実を結ぶ

実習の活用

　保育職を希望する若者たちの資質・能力を見極める機会として、実習も大切にしてほしいものです。

　「実習生の受け入れは負担」「企業への就職が第一希望で、免許や資格を取得するだけの実習生は受け入れない」といった声も耳にしますが、最初から扉を閉じてしまっては出会いのチャンスも失われます。

　園側の負担を考えると無理にとは言えませんが、「保育の魅力を伝える」といった広い心で実習生を受け入れていただければ、学生の視野も広がるはずです。ちなみに、そうした姿勢の園は学生の評判も良く、結果として就職希望者増につながっているようです。前向きに考えてほしいものです。

Check List

人材確保の方策の課題を把握しよう

　なぜ、自園では人材確保がうまく進まないのか……？　そこには、何か原因があるはずです。今一度、採用活動を振り返り、改善点を探ってみましょう。

＜採用活動チェックリスト＞（例）

チェック欄	チェック項目	改善策
□	求人情報を出す時期が遅い	
□	求人票を出すのは養成校のみである	
□	求人票を出す養成校を長い間変えていない	
□	求人票に何を書いてよいかわからない	
□	養成校に出向いて情報交換をしていない	
□	紹介や口コミに頼っている	
□	園のアピールポイントがわからない	
□	日常的に自園の魅力をアピールしていない	
□	園が求める人材像が不明確である	
□	求人用のパンフレットを作っていない	
□	園のホームページを使った求人をしていない	
□	SNS（ブログなど）を使った情報発信をしていない	
□	求人サイトを活用していない	
□	見学希望者を受け付けていない	
□	見学希望者に履歴書を持参させている	
□	就職希望者からの質問を進んで聞くことをしていない	
□	電話の問い合わせに丁寧に対応していない	
□	園長だけで採用活動を進めている	
□	実習生の受け入れに消極的である	
□	他園の採用活動を把握していない	

Chapter 1
11 保育インターンシップ

養成校の先生からインターン制度を勧められた園長。保育・教育実習とはどう違う？

次世代育成の一環として保育や自園の魅力を伝える

インターンシップの活用

近年、1日限りの「ワンデーインターンシップ」を年数十回開く企業が増えているそうです。学生にとって具体的かつ効率的に多くの企業を見る機会となっているようですが、一方で、参加を内定に結び付けるケースもあり、「採用前倒し」との批判もなされています。

しかし、本来、「インターンシップ」とは学生が一定期間企業内で仕事を体験すること、また、その制度を指します。保育界ではいまだ一般的な取り組みにはなっていませんが、保育という仕事への関心・意欲を高め、なおかつ自園の魅力を伝える機会として活用してみてはいかがでしょうか。

「求人を出しても応募が少ない」「就職しても長続きしない」――。インターンシップの活用は、保育界が慢性的に抱えるこうした問題の改善にも役立つかもしれません。

養成校との連携・協力

インターンシップを実施するためには養成校との連携が不可欠です。養成校側の窓口としては就職課が一般的ですが、「保育の仕事（就業）体験」という側面を重視するためには、当該学科、特に実習担当教員との連携を大切にしていくべきでしょう。

ただ、インターンシップを実習と混同すると、自園はもとより、学生また養成校にとってもメリットはありません。「保育の仕事（就業）体験」としてインターンシップに取り組むうえでは、学生を実習生ではなく、自園の教職員の同労者として長期的に受け入れる姿勢が大切です。そして、学生が実習体験をベースにスキルアップする機会となるような配慮が必要です。

「保育者の育成は養成段階から始まっている」――。こうした意義を自覚したうえで、養成校と連携し、保育のインターンシップを進めていくことが大切となるでしょう。

対象学生と受け入れ時期

受け入れ時期は、理想的には実習を完了した卒業年次、つまり、大学であれば4年生、短大などであれば2年生が対象となるでしょう。

ただ、卒業年次の学生がインターンシップに臨めるようにするためには、養成校のカリキュラムの見直しが必要です。なぜなら、卒業年次に卒業、並びに免許・資格取得のための必修科目が数多く設定されていたら、インターンシップに出向くことが難しくなるからです。

また、学生が受け入れてくれる園に長期間通うためには時間割の工夫も求められます。例えば夏休みの利用だけでは幼稚園に出向くことは難しいですから、週1回、平日は授業を入れず、学生が希望すれば園種

49

を問わず、継続的に通えるような日程確保も必要です。週1回が無理であれば、平日の午前中だけでも空き時間をつくってもらえるとよいでしょう。

さらに、大学側にサポート役の教職員配置もお願いするなど、共同でインターンシップを推進する体制づくりも求められます。

こうした交渉が自園だけではうまくいかない場合、公立園であれば自治体、私立園であれば私立園団体レベルで養成校とやりとりしていくとよいでしょう。

仕事（就業）体験の中身

インターンシップは実習とは異なり、当初から保育者と同様の仕事を求めることが基本となります。もちろん、学生はまだ免許・資格はないわけですから、助手的な動きをイメージするとよいかもしれません。

クラスの保育に固定的に従事するのはもちろんのこと、保育時間外で取り組まれている保育業務なども分担していきましょう。職員会議や園内研修にも同席してもらい、保育の見通しや振り返り作業に参画し、自由に発言してもらうことも保障したいものです。いわゆる「雑用係」としないためにも、こうした立ち位置を確認のうえ、インターンシップを推進していくことが大切です。体験した仕事の中身を支援する保育者と一緒に振り返る時間も定期的に確保していきましょう。

■ 養成校と協力し、次世代を育成しながら自園の魅力も伝えていく

なお、勤務時間は相談のうえとなりますが、学生という立場は配慮しておかねばなりません。また、インターンシップは無給が原則ですが、交通費などの手当の支給は考慮すべき事項と言えるでしょう。

受け入れ園のメリット

インターン生を受け入れる場合、園の保育者の成長につながる側面も大切にしたいものです。他者に物事を教える、また伝えることは、自らの業務の意義やノウハウを確認する機会にもなります。

学生と園がウィンウィン（Win-Win）の関係となるかたちでインターンシップを進めていきましょう。

Flow Sheet

インターンシップに取り組んでみよう

　インターンシップの受け入れ方や進め方を考えてみましょう。次の手順を参考に、ステップごとに取り組むべき内容を具体的に設定して、決まったことをシートに記入してみましょう。

STEP 1　インターンシップ導入の目的を考える

STEP 2　受け入れ可能な人数と期間を設定する

STEP 3　受け入れ責任者を決め、体験内容を設定する

STEP 4　募集要項を作成し、養成校に配布する

STEP 5　説明会を実施する

STEP 6　応募者と面接し、対象者を選考する

いざ、スタート！

Chapter 1
12 内定者研修の進め方

軌道に乗り始めた新人・若手育成。次年度は新人の受け入れで、一歩先を目指したい！

4月以降の業務への期待を高める準備を進める

企業の内定者研修

従来、一般企業における内定者研修は12月以降が主流でした。しかし、10月に内定式を行う一般企業も増えるなか、その流れで内定者研修を進めるケースも多いと聞きます。

研修期間は2週間程度が一般的なようですが、会社によっては月数回、3月期まで継続するケースもあるようです。

保育界の内定者研修事情

一方、保育界の内定者研修は公立と私立、また幼稚園と保育所、認定こども園の違いにより、事情はかなり異なります。

まず、公立園の場合、公務員ですからよほどの例外を除き、採用日以前に研修は設定していません。つまり、公立園の場合、内定者研修そのものがないわけです。ですから、保育界の場合、内定者研修は私立園独自の取り組みと言えます。では、私立園ではどのように内定者研修を進めているのでしょうか。

私立園の場合、「10園あれば10通りのやり方がある」と言われるように、定番化したものはないでしょう。ただ、どちらかと言えば、保育所・認定こども園よりも幼稚園のほうが内定者研修の期間が長く、回数も多いようです。

例えば、私立幼稚園の中には12月頃から行事への参加を促したり、養成校の授業が終了したと見なされる2～3月期には可能な限り研修に入るように指示したりするケースが見られます。

一方、私立保育所や認定こども園では、新年度の担任発表を行う頃、2～3日程度の来園を促すケースが多いようです。

内定者に配慮した期間設定を

熱心に内定者研修を進める園を否定するわけではありませんが、採用前に長期にわたり、たびたび事前研修を設定することは、内定者の負担を考えると見直す必要があるでしょう。

特に新卒の場合、園からすれば内定期間と見なされる2～3月期は、卒論作成や発表など、学業のまとめを行う時期です。また、学生生活最後の思い出づくりとして、仲間同士で卒業旅行に出かけることもあります。このように、2～3月期は学生として優先すべきことがたくさんあるのです。4月からは、社会人として仕事最優先の生活が待っているわけですから、その切り替えを上手に行うためにも、内定者にとって無理のない研修期間や回数の設定が求められるでしょう。

なお、転職者の場合は、3月いっぱいは現在勤務する園での仕事も残っているわけ

ですから、新卒者以上に配慮が必要です。

いずれにしても、採用した側の都合を優先した内定者研修を進めることは避けるべきでしょう。無理をすれば、内定辞退ということにもなりかねませんから、注意していきましょう。

■ 内定者の都合に配慮した計画を立て期待感を高められるような工夫をする

研修内容を精査する

誤解を恐れずに言えば、私立園の中には、いまだ「三つ指つく世界」、また「奉公」といった雰囲気を重視するケースも見られます。

しかし、園の保育方針をきちんと理解してもらい、必要な専門的力量を身に付けてもらうためには、研修を組織的・計画的に進めていく必要があります。ポイントを絞り、筋道立てて研修を進めていけば、内定者も「わかる」「できる」体験を深めていけるでしょう。

例えば、まず園長が園独自の保育方針を全体的な計画などに基づき、きちんとレクチャーする。次に、見学・観察を通して各年齢別の保育の様子を概観させる。そのうえで、内定者の良きモデルとなる先輩保育者を選び、そのクラスの保育に参与させ、体験的な学びを進める。保育後は先輩保育者が相談・助言を行う。加えて、理事長や園長などの管理職から「就業規則」や「給与規定」などに基づき、勤務の仕方や待遇、福利厚生などの説明を行う──。おそらく、内定者研修で取り扱うべき内容はこの程度で十分であり、あとは４月以降、実際に勤務するなか、失敗しつつ身に付けていけばよいのだと思います。

大切なことは、４月以降の勤務に対し、内定者が見通し、また期待感をもつことです。欲張りすぎず、必要最低限の研修内容を整えていきましょう。

内定者の待遇

内定者に対して研修参加を求めるものの、手当などを全く支払わない園もあるようですが、実習生としてではなく、勤務者としての姿勢を求めるわけですから、交通費はもとより、相応の手当の支給も考えていきましょう。事前に手当の支給を説明すれば、研修への意欲も高まることでしょう。

Planning Table

内定者研修の見通しを立てよう

計画的に内定者研修を進めていきましょう。

伝えたいこと、体験してほしいことなどをピックアップしたら、担当者、実施期間も考えていきましょう。

テーマ	研修内容	担当者	期間	チェック欄
園の概要	○保育方針を理解する ○沿革を理解する ○ ○			☐
保育方法	○クラスの保育を体験する ○園生活の歌を知る ○ ○			☐
担任業務	○職員会議を体験する ○保育準備を体験する ○ ○			☐
勤務体制	○出退勤の時間を把握する ○勤務シフトを理解する ○ ○			☐
福利厚生	○社会保険を理解する ○休暇の取り方を理解する ○ ○			☐
その他	○ ○ ○ ○			☐

column

男性保育者への期待

男性保育者を積極的に受け入れていこう

　男女平等社会が叫ばれていますが、主張の大半は男性優位の世界に女性をもっと登用しよう、というものでしょう。ただ、保育の世界は全く逆の状況です。

　しかし、子どもが育つうえでも、また、育児への父親参加を促すうえでも、男性の存在は重要です。教職員として両方の性がバランスよく配置されることで、職場の活性化も図られていくことでしょう。更衣室やトイレなどの職場環境を整えつつ、男性保育者を積極的に受け入れてほしいと思います。

男性保育者がもたらすもの

　「力仕事はお任せね！」「高いところにある物は取ってもらおう！」

　男性保育者にしばしば向けられる要望でしょう。女性との身体的な違いを踏まえれば、理解できないわけではありません。

　しかし、こうした事柄を担うためだけに採用されたとしたら、当の本人も戸惑うでしょう。男性にも得手不得手がありますから、「男だから……」といったパターン化したまなざしで仕事を言いつけることは避ける必要があります。

　「だったら、わざわざ男性を採用なんてしないわよ！」

　どこからか、そんな声も聞こえてきそうですが、男性保育者が存在する意義は、女性だけの世界で「常識」とされていたことを見直せることにあるでしょう。今までとは異なる価値観をもたらす存在として、男性保育者に期待してほしいと思います。

男性保育者への接し方

　男性保育者の中には、女性の職場に適応せねばと考え過ぎ、存在感が薄れてしまうケースも見られます。そんな時は、男性というよりも、1人の人間として自分らしくふるまうことを促していきましょう。

　また、保育の仕方はもちろんのこと、会議の進め方など、教職員が協働する場面についても、積極的に意見を出すことを促しましょう。男性保育者が感じている違和感は、先にも述べた園の「常識」を見直すきっかけになるはずです。

　なお、男性保育者が1人しかいない場合、孤立感を感じていることも予想されます。特別扱いする必要はありませんが、折にふれて声をかけてあげるなどの配慮は必要でしょう。男性保育者が複数いる場合、男性だけで固まってしまうケースも見られるので、自分から女性保育者に働きかけることも促していきましょう。

働きやすい職場環境のつくり方

園の保育を円滑に行うには、教職員の関係性がたいへん重要です。
ここでは、望ましいコミュニケーションをとりながら
同僚性を高めていくための職場の雰囲気づくりの工夫を紹介します。
それぞれの項目にかかわる、よくある悩みをQ&Aにしました。

❶ 同僚性の創出 ………………………………… 58
❷ 教職員の居場所づくり ………………………… 61
❸ 打ち上げのすすめ ……………………………… 64
❹ 歓送迎会の進め方 ……………………………… 67

✐ column　新人保育者の家族への配慮 ……… 70

Chapter 2

1 同僚性の創出

👆 保育実践の質を向上させるには教職員同士の関係性が鍵になる

より良い職場づくりとは

「明るく楽しい職場にしたい」「長く仕事を続けてくれる教職員を増やしたい」——。より良い職場をつくりたい管理職であれば、当然の願いでしょう。では、どうしたらこうした願いは叶うのでしょうか。

「給与をアップする」「休みをとりやすくする」——。確かにこうした工夫も大切です。しかし、早期に保育現場を退職せざるを得なかった私の教え子の声を聞いてみると、最も改善すべきは職場の雰囲気のようです。

職場の雰囲気は人間関係によって醸し出されるものですが、その関係が殺伐としていると、多少、給与が高くとも楽しく仕事をすることができず、早いうちに「辞めたい！」と考えてしまうようです。

ですから、より良い職場づくりは、まずは職場の雰囲気を改めることから始める必要があると思います。そこで大切になるのが、「同僚性」を創り出すことです。

同僚性と同調性の違い

保育・教育現場において大切にしたい同僚性とは、「教育実践の創造と相互の研修を目的」として「相互に実践を高め合い専門家としての成長を達成する目的で連帯する同志的関係」を指します。これは学校改革の一環として、「学びの共同体」を提唱する

教育学者の佐藤学氏が『教師というアポリア～反省的実践へ』（世織書房、1997）の中で定義づけたものです。

同僚性と言うと、教職員同士の仲が良く、足並みを揃えて仕事に向かう姿をイメージする方も多いことでしょう。しかし、こうした姿は「同調性」と呼ぶべきもので、佐藤氏が提唱する同僚性とは異なります。

もちろん、同調性も大切ですが、そればかりが強調されると、教職員も周りの目を気にしすぎ、自己抑制的になりがちです。これでは教職員の思いや個性も発揮されません。互いに保育のプロとしての自覚をもち、尊重し合いながら、連携・協力して保育を展開する——、そんな関係性が生まれれば、保育の質も高まるはずです。

批評と非難を区別しよう

同僚性を創出するには、教職員同士が忌憚なく話し合うことが大切です。言葉でコミュニケーションをとり合うことで、互いへの関心を高める機会にもなるでしょう。なお、互いに関心をもち合うと、時に気になる姿も見えてきます。そんな時、対等な立場で意見を交わし合うことができれば、同僚性はさらに高まり、保育の質も向上していくことでしょう。

相手の人格を否定するような発言、また、感情的に責め立てるような発言、つまり「非難」は避け、その仕事ぶりの疑問点・問題

点を冷静かつ客観的に指摘し合う「批評」を心がけたいものです。こうした非難と批評の違いを意識しつつ、相手を思いやるなかでやりとりを進めていけば、同僚性も高まっていくと思います。

共同作業を通して同僚性を向上させよう

同僚性を高める方法の1つとして大切にしたいのが共同作業です。仕事を効率的に進めるためには、役割分担を明確にし、責任をもってそれぞれの業務を担うことも大切ですが、それだけでは接点をもち合う教職員も限定的になりがちです。

保育現場では行事の準備など、園全体で取り組む仕事も多いだけに、それらを一部の教職員任せにせず、経験年数や立場を超えて一緒に作業していきましょう。このように、体を動かしながら、同じ目的に向かって作業し合うと、互いの人間性もより深く理解することができるはずです。

また、園によっては、同学年のクラス担任全員で、各保育室の掃除を行うところもあります。掃除をしながら、その日の保育について話し合うことを心がけているからです。こうした気軽な「立ち話」により、互いの本音が見え、フォーマルな話し合いの機会である職員会議もスムーズになったと言います。このような取り組みも良いヒントになることでしょう。

教職員の資質や専門的力量の向上につなげる

保育の質を向上させるためには、教職員の資質、また専門的力量の向上が不可欠です。保育を担うのは一人ひとりの教職員ですから、当然のことでしょう。

だとすれば、教職員間に同僚性を生み出すこと、また同僚性を高めることを、教職員の資質や専門的力量の向上につなげていかねばなりません。単なる「仲良し集団」ではなく、互いの課題を把握し、助言し、高め合うような教職員集団を生み出すためにも、同僚性はとても重要な視点になると思います。

■ 経験や立場を超えた共同作業は互いをより深く理解することにつながる

同僚性を高めるためには、どんな取り組みをしたらよいのでしょうか?

A　本文で紹介した「共同作業」や「立ち話」以外に取り組んでほしいことの1つとして、「会議の進め方」があります。特に、1週間の保育を振り返り、次週の見通しを話し合う会議で、互いの努力や工夫を認めたり、ほめる姿勢を大切にしたりしてほしいと思います。

　「認めよう！」「ほめよう！」と心がければ、保育の結果だけでなく、そのプロセスにも目が向き、努力・工夫している点を見つけることができるでしょう。「悪いところ探し」ではなく、「良いところを見つける」姿勢こそ、「同僚」となっていく原動力になるでしょう。

　もちろん、課題はしっかりと見つめ、改善を図らねばなりません。しかし、「責める──謝る」というやりとりに終始していると、「次こそ頑張ろう！」という意欲は高まりません。ですから、ある保育課題を互いに「自分の問題」と捉え、一緒に解決策を考えていく姿勢を大切にしていきましょう。

ベテランと若手の間に壁があるように感じます。世代間のギャップを埋めるような良い方法はありますか?

A　ある園の職員室を訪問した際、月間予定表のある日の欄に、赤と青のペンで「♥ケイコ先生ＢＤ」と書いてあることに気付きました。園長先生に聞いてみると、毎月、教職員の誕生日を書き記しているそうです。しかも、誕生日当日は朝の打ち合わせの際、みんなで「おめでとう！」と祝福した後、園長先生のポケットマネーで用意したささやかなプレゼントを渡しているそうです。

　教職員が「先生」以前に、「1人の人間として大切にされているのだな」と実感させられたエピソードでした。

　すべての園で「教職員の誕生日を祝いましょう！」と言いたいわけではありませんが、園長が率先して教職員一人ひとりを気遣う姿は、職場の雰囲気をあたたかいものにしていくことでしょう。こうした雰囲気づくりが、教職員同士が互いを「同僚」と実感していく基盤になるのだと思います。

Chapter 2

2 教職員の居場所づくり

全員が「自分の園」と実感できる園を目指す

異なる仕事への姿勢

　保育に限らず、仕事は主体的に取り組むものです。ところが、指示された仕事はこなすものの、それ以上のことはしないという教職員も見られます。

　「指示待ちの人間が増えたからね」

　どこからか、そんな声も聞こえてきそうです。確かに、そのような傾向も見られます。しかし教職員の中には、たとえ経験年数が浅くとも、自分から仕事を見つける人もいます。いったいこの違いは、どうして生まれるのでしょうか?

ポイントは「成員性の認知」

　よほどの例外を除けば、自分が大切にしている場なら、だれかに指示されなくとも、進んで掃除をしたり、片付けたりするものだと思います。また、高い関心をもつ事柄であれば積極的にかかわり、問題があれば自分なりに必死に解決策を見つけるはずです。自分の仕事、また職場に対し、各教職員がこうした意識をもってくれれば、受身的な姿勢もなくなることでしょう。

　こうした意識は、成功している企業の内実を、目に見えにくい社風や職場の雰囲気といった文化的側面に着目した「組織文化」研究が指摘する「成員性の認知」と重なるものだと思います。成員性の認知とは「自分が特定の集団のメンバーであって、ほかの集団のメンバーではないという点に関する自己認識」のことを指します。「組織文化」研究では、組織で共有された目標やメンバー相互の魅力よりも、各自がこうしたメンバー意識を強くもっていることが、組織的にまとまるための基礎だと指摘しているわけです。

　もし、受身的に仕事をする教職員がいたら、まずはメンバー意識や仕事に対するアイデンティティがもてる環境を整えてあげる必要があるでしょう。

居場所づくりの大切さ

　仕事、また職場に対してアイデンティティがもてるためには、各教職員に「居場所」があることが大切だと思います。

　まずは、教職員同士が精神的なつながりをもち、互いを仲間として大切にしていきたいものです。頑張ったことは認め合う。困ったことは一緒に悩む——。そんな雰囲気ができれば、互いにとても居心地が良くなるはずです。

　また保育時間以外に、自分が担うべき仕事に専念できる場所、あるいは、疲れた体を休ませる空間も大切でしょう。心と体は深く結びついていますから、精神的にも、物理的にも各教職員の居場所がつくられることが大切なのだと思います。

互いの呼び方を変えてみる

　職場の雰囲気が堅いと感じたある園長先生から、互いに「～先生」と呼び合うことをやめた、という話を聞いたことがあります。また、ある園を訪問した際、保育者同士がファーストネームで呼び合う光景を目にしたこともありました。いずれの園も、職場の雰囲気はとてもフランクで、また和やかでした。

　もちろん、互いの呼び方を変えれば、すぐに職場の雰囲気が変わるというものではないでしょう。大切なのは、かたちではなく、互いに1人の人間として理解、尊重し合うことです。呼び方を変えるという目に見える工夫がこうした意識改革につながるのであれば、試みる価値はあると思います。

教職員のたまり場づくりの工夫

　「職員室がない」「休憩室が狭い」といった園も多いようです。

　こうしたなか、ある園は改修をきっかけに、休憩室の一部に、上部に畳が敷かれた引き出し付きボックスを数個設置しました。ボックスをつなげれば、休憩時、横になることもできます。ボックスはキャスター付きのため、会議や保育準備などの用途に応じたスペースをつくることもできます。もちろん、引き出しには各教職員の荷物も収納できます。

　園長先生によれば、こうした工夫により、教職員一人ひとりの表情が豊かになり、余裕も生まれ、教職員間のコミュニケーションも高まったそうです。

　また、別の園では職員室に置かれていた印刷機・コピー機を教材庫に移動させ、空いたスペースにソファを設置したところ、教職員同士の会話が増えたそうです。

　無い物ねだりをするだけではなく、限られた空間を有効に使い、ささやかであっても、教職員がホッとでき、気軽に話せる場を保障してあげたいものです。

■ 居心地の良い職員室や休憩室はコミュニケーションを活性化させる

Q 休憩室は設けてありますが、上手に利用しているようには見えません。良い工夫はありますか？

A 休憩室はあるものの更衣室として使っているだけ、というケースが意外に多いようです。もちろん、スペースの問題もありますから、致し方ない面もあるでしょう。ただ、いつも子どもと一緒にいる、また事務仕事も保育室で行うしかない、というのでは、保育者も気持ちの切り替えが難しくなります。

時折、園長などの管理職も休憩室に出向いて、職員の過ごし方を把握してみるとよいでしょう。すると、畳やカーペットは敷いてあるもののイスやテーブルがないため落ち着かない、横になって休めるスペースがない、といったような問題点が見つかるかもしれません。近年、ドリンクサーバーなどを設置する園も見られますが、そこまでいかなくとも、休憩時、お茶やお菓子を気軽に飲んだり食べたりできる環境づくりを心がけたいものです。

大人も子どもと同様、環境に大きく左右されます。ゆったりできる空間づくりを進めていきましょう。

Q 認定こども園となり、職員数が増えました。職員室をどのようにしたらよいでしょうか？

A 幼稚園担当の教員には机はあるが、保育園担当の職員には机がない。また、職員室のスペースを幼稚園担当者と保育園担当者で区分けしている、といった話を聞いたことがあります。これでは教職員集団にチームワークは生まれにくいでしょう。幼稚園担当者と保育園担当者の間に格差も生じかねません。

例えば、スペースに限りがあり、全員に机を用意することができない場合は、大きめのテーブルを購入し、座席を定めず、必要に応じて、だれもがそこで仕事ができるようにしておくとよいでしょう。集合・分散が比較的容易なテーブルを購入すれば、会議形態に応じてレイアウトの変更もできるでしょう。

そのほか、業務上、全教職員が共有すべき書類を整理する棚と、個人の荷物が収納できる棚も別々に用意していくことも大切です。多少、お金はかかっても、教職員間が円滑にコミュニケーションできる空間づくりを進めていきたいものです。

Chapter 2

3 打ち上げのすすめ

「遊び」としての打ち上げで雰囲気の良い職場をつくる

「遊び」のすすめ

「仕事は遊びではないのだから、まじめにきちんと取り組もう！」

確かにその通りですが、こうした姿勢も行き過ぎると、職場の雰囲気は息苦しくなりがちです。そんな状況に陥らないためにおすすめしたいのが「遊び」としての打ち上げです。

「遊び」としての打ち上げ

普通、打ち上げは仕事が一区切りした際、その労をねぎらい、成功を祝う目的で行われます。保育現場では、学期終了時や大きな行事が終わった後、園長も含めた全教職員が一堂に会し、実施されることが多いようです。

もちろん、こうした打ち上げも良き職場づくりに一役買うとは思いますが、今回、おすすめしたいのは「遊び」としての打ち上げです。

具体的には、園長などの管理職抜きで、実際に仕事を担い合った同僚同士で飲食を共にし、自由に楽しく語らう機会を大切にしよう、ということです。

「不謹慎では」「園長不在では何を言い出すかわからない！」など、懸念や不安を示す声もあるかもしれませんが、任せてみると意外な効果が見えてくると思います。

職場における「遊び」の大切さ

企業組織のあり方を文化と制度の観点から考察した佐藤郁哉氏と山田真茂留氏は『制度と文化―組織を動かす見えない力』（日本経済新聞社、2004）の中で、組織文化の要素には「儀礼」「遊び」「表象」「共有価値」「無自覚的前提」の５つがあり、これらすべてがシンボリックな意味をもち、組織文化を形成していく、と指摘しています。つまり、社員一人ひとりの価値観や信念よりも、社内組織がもつ５つの文化的要素のほうが、組織の活力や各自の仕事の仕方を見直すうえで重要だ、と説いたわけです。

このうち「遊び」とは、会社を例にすると、コーヒーブレイク（おやつの時間）や、様々なジョークを交えた会話、アフター5の"飲み"など、社員同士が自由に、楽しくやりとりできる行動を指します。このようにインフォーマルでありながら、象徴的な意味を多く含んだ行動が、社員に一体感や新たな活力を与える重要な契機になる、と指摘されているわけです。

「儀礼」としての打ち上げの課題

先に述べた園長を含んだ園全体での打ち上げは「遊び」の要素も含みはしますが、

64　第2章 働きやすい職場環境のつくり方

どちらかと言えばフォーマルな「儀礼」と呼べるものです。その際、上下関係が固定化し、自由な物言いが許されていない職場では「遊び」の雰囲気は生まれず、かえってマイナス効果が多くなります。

例えば、打ち上げの際、若手保育者は必ず園長に酌をする役になることや、園長に好きな飲み物を頼んでよいと言われても新人はアルコールを頼んではいけないと決められている、といった話を聞いたことがあります。おそらく、こうした打ち上げをいくらくり返しても、職場の活性化は絵空事に終わるでしょう。

だとすれば、時には園長などの管理職は参加せず、飲食代のみ支援するとか、また参加しても、無礼講を社交辞令で終わらせない努力が必要となるでしょう。

「たかが打ち上げ」と捉えず、「遊び」としての打ち上げが仕事の節目ごとに教職員間で自発的に取り組まれることを期待していきましょう。

打ち上げを「遊び」にとどめるための工夫

立場が近い者同士が集った場合、園長などの管理職の文句や悪口などの話題で盛り上がることも多いようです。気持ちはわか

■ 職員同士が自由に楽しむ「遊び」の時間もより良い職場づくりのためには必要

らないでもありませんが、こうしたやりとりをくり返しても、仕事への意欲は減退するばかりでしょう。とても残念なことです。

こうしたやりとりに終始しないためには、先に職場の「遊び」の例として紹介したコーヒーブレイクや、ジョークを交えた会話などを職場の日常的な風景として定着させていくことが必要でしょう。普段から、教職員同士がお茶を飲みながら、リラックスした雰囲気のなか、笑いを交えた忌憚のないやりとりができる職場づくりを心がけたいものです。

また、時には先輩保育者も若手保育者の打ち上げに参加し、若手保育者が感じている園長などの管理職への不平不満を吸収したり、互いに大切にすべき点、つまり「共有価値」を気付き合うやりとりをしてほしいものです。そうした先輩保育者の姿勢は、若手保育者にとっても目指すべきモデルとなることでしょう。

打ち上げの費用はどうしたらよいでしょうか？

A　園として企画する場合は、全額、園が支出することが基本でしょう。福利厚生費、あるいは会議費などの費目で予算化します。

全額支出が難しい場合は、その理由を明確に説明しましょう。教職員も状況が理解できれば、気持ち良く、自分たちの力で打ち上げを進めてくれるはずです。なお、会費の一部のみでも支出が可能な場合は、そのことを伝え、遠慮なく請求してもらいましょう。

教職員間で独自に企画する場合でも、予算から経費を支出してあげられる園では、遠慮なく申し出られるように配慮すれば、教職員に喜ばれるでしょう。

また、園によっては幹事役を決め、年度初めに一括徴収したり、時期を定めて一定額を積み立てたりしているケースもあるようです。その場合、幹事には年度末にはきちんと精算し、同僚たちに会計報告していくことを促していきましょう。いずれにしても、お金のことでもめることがないように心がけましょう。

打ち上げの実態がわからず不安です。把握しておくべきでしょうか？

A　教職員による打ち上げを、園長などの管理職がすべて把握することは不可能でしょう。有意義な打ち上げが教職員の間で自発的、かつ健全に行われているのであれば、無理に首を突っ込む必要はありません。

ただ、打ち上げがない、また、打ち上げの雰囲気が悪い、といった場合は、年度初めに幹事役の教職員を指名しておくのも一案です。教職員の年齢幅が狭い場合、互いに遠慮し合って交流が進まないケースもあります。リーダーとなることを期待したい教職員に音頭をとる役目を担ってもらいましょう。

ただし、園長が幹事役に指示したり報告を求めたりすると、幹事役が「お目付役」のようになってしまいます。これでは、教職員の不信感につながり、幹事役が孤立してしまうでしょう。打ち上げはインフォーマルな「遊び」と割り切り、その取り組みは基本的に教職員を信じ、任せていきましょう。

Chapter 2

4 歓送迎会の進め方

異動の機会を良き節目とし、あたたかな雰囲気をつくる

異動という出来事を大切にしよう

年度末、また年度初めはたいへん忙しい時期です。そのため、退職者や新規採用者がいても、送別会や歓迎会が開けないといったケースもあるようです。

しかし、就職・退職・転勤は、本人はもちろんのこと、同僚にとっても一大事です。子どもはもちろんのこと、教職員という大人一人ひとりを人間として大切にする職場であるためにも、時間をつくり、区切りとなる機会を設けてほしいと思います。

思いをかたちで表す大切さ

去る人をもてなす機会は送別会、来る人をもてなす機会は歓迎会となります。それぞれ趣旨が異なりますから、理想を言えば、別々に開催したいものです。ただ、多忙な時期では時間がとれないことも多いでしょう。そんな時は、当事者の了解を得たうえで、歓送迎会としてまとめて行う方法も一案です。くれぐれも開催する側の都合を優先することがないよう、注意しましょう。

「これからよろしくね」「お元気で」といった言葉だけで、歓迎、送別の気持ちを伝えきることは難しい面もありますから、歓迎会・送別会というかたちを整え、思いを表すことを大切にしてほしいと思います。

園全体でもてなす姿勢を表す

歓送迎会を設ける際、まず大切にしてほしいのは、園長などの管理職によるフォーマルなもてなしです。近隣のレストランなどで歓送迎会ができればよいかもしれませんが、様々な事情で難しい場合は園内で開催してもよいでしょう。お金をかけた会食やプレゼント交換よりも、気持ちのこもった会を催すことが異動者への真のもてなしとなるはずです。歓迎・送別のスピーチも園を代表して述べるわけですから、心のこもった挨拶をしていきましょう。特に、退職者には具体的なエピソードを添えながら、その労をねぎらうスピーチをしてあげたいものです。

いずれにしても、園長などの管理職が責任をもって歓送迎会を設けることで、園全体で異動者をもてなそうという気持ちも高まります。そうした気持ちが伝われば、異動する当事者はこれまでの数年間の仕事を価値あるものと実感することができるでしょう。それを励みに次なる場でも成長していけると思います。

また、残る者・迎える者もこうしたもてなしを見て、職場の温かみを改めて実感できるはずです。節目として歓送迎会という機会を設けることは、互いにこうした気持ちを実感することに役立つと思います。園長として、積極的に企画していきましょう。

67

同僚同士で大切にしたいこと

　フォーマルな歓送迎会とは別に、気の合う教職員同士で異動者をもてなす機会も大切にしたいものです。いわば、インフォーマルな機会も大切にするということです。気の合う相手であれば、異動への気持ちにもより本音が表れ、思い出深い機会になるはずです。こうした機会は放っておいても開催されるものでしょうから、この場であまり論じる必要もないかもしれません。

　ただ、インフォーマルな機会は、「3　打ち上げのすすめ」（64～66ページ）でも述べたように、時として、その場にいない人の悪口で盛り上がるケースも多いものです。特に、不本意な理由での退職者がいた場合、送別会が園長などの管理職を非難する場となるケースも見られます。

　もちろん、状況によっては、そうした気持ちも理解できます。しかし、残る者への影響を考えると、悪口ばかりのやりとりは避けたいものです。さもないと、残る者も「自分もあと1年で辞めてやる！」となってしまいます。特に若手保育者は、園長などの管理職よりも信頼し、また大好きな先輩保育者の意見に左右されがちなだけに、結果として自分の価値観を残る教職員に押し付けない配慮も必要です。

　「立つ鳥跡を濁さず」という諺もあるように、去る者は残る者への配慮が必要です。

■ 異動が良き節目となるように
温かな対応で人間関係のバトンをつなぐ

涙はありつつも、会の終了時は互いにさわやかな気持ちになれる機会にしてほしいものです。

きっかけとしての歓迎会

　新人保育者を迎える歓迎会を終えた後は、折にふれて、声をかけていくことが大切です。

　歓迎会は1回限りですが、それだけで新人保育者が職場になじめるわけではありません。ついこの前まで新人であった若手保育者であれば、そうした新人保育者の不安や戸惑いを理解してあげられるはずです。若手保育者のそうした配慮は、やがて中堅リーダーとして成長していく基盤となるはずです。歓迎会がそうしたバトンをつなぐきっかけとなるようにしたいものです。

歓送迎会の準備で大切にすべきことはなんでしょうか？

A　まずは、主役となる異動者の都合を踏まえ、歓送迎会の日時を無理なく設定することです。日時が決まったら、会場と予算を決めます。園の予算に合わせて企画することが基本となりますが、予算内で十分な歓送迎会を開催することが難しい場合は、主役となる異動者以外から、会費を徴収していきます。

　次に、歓送迎会のプログラムを考えていきましょう。歓迎会と送別会を一緒に行うか、分けるかどうかなど、残る教職員の意見も踏まえて決めていきましょう。また、歓送迎会の司会・進行や、挨拶・スピーチをする人、乾杯の音頭をとる人なども決めておきましょう。余裕があれば、余興を行うメンバーも考えておきます。

　さらに、異動者、特に退職者にはプレゼントを用意するのが一般的です。なお、園によっては、退職者が返礼品を用意することが慣例となっているケースもあるようですが、それが負担になっては本末転倒です。プレゼントは、その点も配慮しつつ、準備していく必要があるでしょう。

歓送迎会があまり盛り上がらず困っています

A　送別会は「お別れの会」ですから、どうしても湿っぽくなりがちですね。時には、涙々の会となることもあるでしょう。ただ、その涙が「悔し涙」なのか、「感無量の涙」なのかによって、去る者はもちろんのこと、残る者にとっても、送別の意味が異なってきます。園によっては、「退職した教職員が園に遊びに来ることはない」といったケースもあるようですが、それはとても残念なことです。退職しても、顔を出してもらえるような関係性が保てるようにしたいものです。

　一方、歓迎会は大いに盛り上がるべき機会です。堅苦しい挨拶は避けるとともに、余興を用意するなど、新人がこれからの勤務に期待がもてるような企画を考えていきましょう。在職者の自己紹介をユニークに展開したり、座席を自由に移動したりして、新人と十分なコミュニケーションがとれるように、心がけていきましょう。

69

column 新人保育者の家族への配慮

子離れの遅れ

近年、大学の入学式や卒業式に参列する保護者が増えました。昔であれば、中学校の卒業式ぐらいから、親に対して「恥ずかしいから来ないで！」と言う子どもも多かったと思いますが、今ではずいぶん変わりました。子どもを産む人数が少なくなっていることも影響しているのでしょう。

「大切なわが子に、いつまでもかかわっていたい！」

今時の親は、そんな思いでいっぱいなのだと思います。子どもの「親離れ」よりも、親の「子離れ」のほうが遅れている、と言えるのかもしれません。

新人保育者の家庭も例外ではない!?

ある園長先生から、採用活動の折、受験者である学生本人からだけではなく、その親から度々問い合わせがあり閉口した、という話を聞いたことがあります。また、別の園長先生からは、ある新人保育者は通勤時に親に車で送迎してもらっているらしい、という話を聞いたこともあります。

いずれも、「過保護が過ぎる！」と言うべき事例でしょう。やや極端な例かもしれませんが、今時の若者の親子関係はこうした傾向を少なからずもっているようです。親からすれば、かわいいわが子を「ブラック化」した仕事に従事させないためにも放っておけないのでしょう。気持ちはわからなくもありません。

しかし、これでは新人保育者は自立していきません。困ったことがあっても、自分で向き合うことを避けてしまうでしょう。

新人保育者の保護者への心配り

とはいえ、成人している新人保育者の親を集め、仕事内容を説明し、支援や協力を仰ぐのは行き過ぎでしょう。

そんななか、ある園長先生から、最近、就職した保育者に対して、プライバシーに配慮しつつ、雑談の中で家庭の様子を話題にすることを心がけている、という話を聞きました。やむを得ず、帰宅が遅くなったり、持ち帰り仕事が生じたりした時も、「お家の方は大丈夫だった？」と声をかけるようにしている、と言います。ささやかではありますが、こうした心配りが園に対する親の信頼感を培い、新人保育者の安定にもつながっているそうです。

今時の若者の親子関係を非難するのは簡単ですが、それをくり返すだけでは信頼関係は生まれません。多少の困難があっても「わが子を信じ、任せていこう」と親に思ってもらえるような対応を、面倒がらず、行ってほしいものです。

新人育成計画の立て方

これまでに紹介した、様々な育成のポイントや
職場の環境づくりの工夫を踏まえたうえで
新人保育者はどのような専門性を身につければよいのか、
そのためには、どのように計画を立てるべきかを紹介します。
新人育成計画表の様式例も掲載しました。

① 新人育成計画のコンセプト ……………… 72
② 育成したい専門的力量 …………………… 73
③ 育成計画づくりのポイント ……………… 76
④ 園の形態別の研修ポイント ……………… 77
　新人育成計画表（様式例）………………… 78

Chapter 3
1 新人育成計画のコンセプト

新人保育者の自己成長を支援する

保育者としての本格的な学びを始める

正規の教職員として採用される新人保育者の大半は、養成校などで幼稚園教諭免許や保育士資格を取得した新卒者です。つまり、新人保育者とはいえ有資格者ですから、その点だけを見れば、一人前に仕事をしてもらってよいわけです。例えば、運転免許の場合、1年目は1人で運転してはならない、あるいは、人を乗せてはならない、ということはありません。こうした一般論から考えれば、有資格者である新人保育者に一人前の仕事を求めることは不自然ではありません。しかし、保育の世界で新人保育者を一人前の存在と捉えることはほとんどなく、新人保育者自身もそうした自覚はないでしょう。なぜでしょうか？

様々な考え方があるでしょうが、大半の理由は、保育が「実践」だからではないでしょうか。つまり、座学中心に養成校で学ぶだけでは実践の仕方は身に付かない、実習体験があるとはいえ4週間程度では不十分、と考えるからこそ、一人前の存在とは見なさないわけです。善し悪しは別として、こうした見方は実践力が求められる保育の世界では一般的なものでしょう。

だとすれば、新人を採用した園は、新人時代は一人前の保育者になるための育成期間と捉える必要があります。丁寧な園であれば、幼稚園なら3～5歳児、保育所や幼

保連携型認定こども園であれば0～5歳児の保育すべてを体験してこそ一人前になる、と考えるかもしれません。

いずれにしても、「新人として保育現場に立った時点から保育者としての本格的な学びが始まる」と捉え、園の責任でその育成を進めていくことが大切でしょう。

「育てる」から「育つ」へ

新人育成は、一般的に育成側である園が求める姿に育て上げる営み、と捉えられるでしょう。つまり、「育てる」営みとして展開されるわけです。

しかし、実践するのは新人保育者自身です。「答えのない世界」とも言われる保育においては、問題を自分で見つけ、解決していく力も身に付けてもらう必要があります。

だとすれば、新人保育者を「育てる対象」ではなく、「自ら育つ主体」と捉え直していく必要があるでしょう。何事も、自ら学ぶ姿勢がなければ、本物の力は身に付きません。受身的な姿勢のままでは、指示を待つだけの存在にもなりかねません。

新人保育者が自ら育ち、園の「常識」を打ち破り、実践の改善に貢献する存在として成長することを期待したいものです。その力は、園の保育を創造的に展開していく原動力になるはずです。特色ある園づくりを進めるためにも、新人保育者の自己成長を支援していきましょう。

Chapter 3

② 育成したい専門的力量

求められる専門性の多様化

多様化する保育者の専門性

保育とは、乳幼児期の子どもたちのより良い成長・発達を支える営みです。したがって、保育者には、まず子どもを保育する力が求められます。

しかし、近年、園には、子どもの保育だけでなく、保護者を支援する営みも求められています。いわゆる、子育て支援です。このように、保育者には子どもへの対応だけでなく、親（＝大人）とかかわる力も求められているわけです。

さらに、子どもの保育や子育て支援は、園の力だけで充実が図れるものではありません。関連する地域の諸機関や人材の力を借りていく必要もあります。したがって、保育者にはこうした地域の諸機関や豊かなノウハウをもつ人々（＝専門家）と連携・協働していく力も求められます。

このように、園が担う役割の幅が広がっている現在、保育者に求められる専門性も多様化しています。新人保育者の育成も、こうした点を視野に入れ、取り組んでいく必要があります。

保育者に求められる専門的力量

保育教諭養成課程研究会（理事長：無藤隆氏）は、2014（平成26）年度から4年間

にわたり、幼児期の教育を担う現職の教職員を対象とした研修実態を調査研究し、その成果を『幼稚園教諭・保育教諭のための研修ガイド（Ⅰ～Ⅳ）』（プロジェクトリーダー：神長美津子氏、以下『研修ガイド』と略）にまとめました。保育士は対象外ですが、幼保連携型認定こども園に勤務する保育教諭も対象にしているので、保育所に勤務する保育士にとっても参考になるはずです。

この『研修ガイドⅠ』では、次の9点を保育者の専門性として提示しています。

◆保育者の専門性
①乳幼児理解・総合的に指導する力
②具体的に教育・保育を構想する力
③得意分野の育成、教職員集団の
　一員としての協働性
④特別な教育的配慮を要する
　子供に対応する力
⑤小学校との連携及び
　小学校教育との接続を推進する力
⑥保護者及び地域社会との関係を
　構築する力
⑦現代的課題に対応する力
⑧園長等の管理職が発揮する
　リーダーシップの力
⑨人権に対する理解の力

このうち、保育者に求めたい力は⑧を除いた8点となるでしょう。ただ、この8点もよく見ると、複数の力が含まれていることがわかります。

例えば、①には子どもを理解する力と、その理解に基づき、子どもを指導する力の両面が含まれています。また、⑦の「現代的課題に対応する力」について、『研修ガイドⅠ』では「満3歳未満児の保育」や、アレルギー対応や防災・事故防止などの「保健と安全面への配慮」、「児童虐待と支援体制」を構築する力なども挙げています。したがって、保育者としての本格的な学びを始める新人育成においては、こうした専門的力量をより細かに捉え、研修を実施していく必要があるでしょう。

そこで、75ページに、新人保育者の段階から身に付けてほしい専門的力量を整理してみました。これらを参考に、新人保育者の育成計画を考えていきましょう。

新人時代に特有の課題

「子どもが大好き！」

大半の新人保育者は、こうした思いをもとに保育者を目指して養成校に入学し、専門的な勉強を積み重ねてきたはずです。

ところが、保育者として就職し、実際に仕事として保育を始めてみると、「子どもが好き」だけでは務まらないことを実感します。そのこと自体はけっして悪いことでは

なく、保育者を目指した者であればだれしも一度は味わう感覚でしょう。こうした点に気付くなか、新人保育者も保育のプロとなることを自覚し、専門的力量を身に付けることを心がけていくのだと思います。

ただ、「子どもが好き」だけでは務まらないという感覚を自らの力不足に結び付け、「子どもに申し訳ない」「保育は自分には向かない仕事」という思いにつなげてしまうケースがあるようです。特に、まじめな新人保育者ほど、こうしたネガティブな思いに陥りがちです。その結果、1年、あるいは年度の途中で早々に退職してしまうケースも見られます。とても残念なことです。

しかし、まじめさをもつ新人こそ、保育者としての伸びしろがあると思います。保育者として成長していくためには時間もかかるわけですから、粘り強く自己課題に向き合ってほしいものです。

そのためには、「子どもが好き」という思いを周りが改めて受けとめてあげることが大切でしょう。そのうえで、ささやかな場面でも子どもと楽しくやりとりしている様子を認め、保育の楽しさを気付かせていきましょう。つまり、「"子ども"ってかわいい」という思いを改めて実感してもらい、「"保育"っておもしろい」という感覚へとつなげていくわけです。こうした感覚は、新人保育者が専門的力量を自ら学んでいこうとする原動力になるはずです。保育者として成長していくうえでの基本的な感覚として大切にしてあげたいものです。

＜新人時代から身に付けていきたい保育者の専門的力量＞

専門的力量	必要とされる主な研修内容	
ア）子どもを理解する力	○発達段階や発達の連続性の理解 ○子ども理解の姿勢と記録のとり方 ○評価の考え方と要録の書き方	など
イ）子どもを援助・指導する力	○環境を通して行う保育の理解 ○遊びを通した総合的な指導の理解 ○一人ひとりの特性に応じた指導の理解 ○クラス運営の方法	など
ウ）保育を構想する力と 　　構想を実践していく力	○全体的な計画の作成方法 ○指導計画の作成方法 ○カリキュラム・マネジメントの理解	など
エ）得意分野の形成	○保育内容別の教材研究 ○保育スキルの向上	など
オ）教職員集団の一員としての協働性	○会議の進め方 ○チーム保育の進め方	など
カ）特別な配慮を必要とする 　　子どもに対応する力	○障がいの理解と対応方法 ○食物アレルギーの理解と対応方法 ○外国籍の子どもの理解と対応方法	など
キ）小学校との連携を推進する力	○小学校教育の理解 ○交流活動の理解	など
ク）他園と連携する力	○幼稚園、保育所、認定こども園の目的と役割 ○他園の保育者の勤務事情	など
ケ）保護者との関係を構築する力	○配布文書の作成法や懇談会などの進め方 ○カウンセリング・マインドの理解 ○苦情の理解と解決への対応	など
コ）地域社会との関係を構築する力	○関連する諸機関の理解 ○地域の専門職の理解	など
サ）現代的な課題に対応する力	○防災・事故防止への対応 ○虐待防止と支援体制の理解 ○ソーシャルワーク機能の理解	など
シ）人権に対する理解	○「児童の権利に関する条約」の理解 ○職業倫理の理解	など

Chapter 3

3 育成計画づくりのポイント

まずは計画全体の目標設定から

❶ 育成の目標・研修のねらいを設定する

研修を促す側、また、研修に臨む側の双方にとって、まずはこの点を明確にすることが大切です。研修をノルマ化させないためにも、育成計画全体の目標、個別の研修ごとのねらいを具体的に考えていきましょう。

❷ 研修の内容を設定する

育成の目標が立派でも、学ぶ内容が伴わなければ効果は上がりません。育成計画全体の目標に応じた研修分野を設定します。また、個別の研修ごとに、ねらいを達成するために必要な研修内容を具体的に設定していきましょう。

❸ 研修の方法を考える

研修のねらいと内容が設定できたら、研修を進める方法を考えていきましょう。

まず、園内で実施していくのか、外部研修を活用するのか。また、講義形式で学んでいくのか、ワークショップや実技などの演習形式を重視していくのか。さらに、保育実践の観察や記録、ディスカッションを採用していくのかなど、研修の目的と内容に即した方法を考えていきましょう。

❹ 体系的なスケジュール設定をする

一度の研修で保育者としての専門的力量が身に付くものではありません。そのため、研修には継続性が求められます。

新人保育者が向き合うであろう保育課題に合致したタイミングで研修を設定することはもちろんのこと、1つの研修を次なる研修に結びつけることも大切にしていきましょう。研修の流れが、新人保育者が成長していくプロセスと重なるような研修スケジュールを考えていきましょう。

❺ 研修の成果と課題を評価する

研修を修了した後は、研修のねらいに基づき、成果と課題を整理することが大切です。大切なのは、研修することではなく、保育者としての専門的力量の形成ですから、効果的な研修であったのかどうか、参加者の振り返りを通して把握していきましょう。成果が上がっていない場合は、育成計画も見直していきましょう。

なお、78 ～ 79 ページに「新人育成計画表」の様式例を紹介しています。ご参照ください。

園の形態別の研修ポイント

養成課程の学びの違いを考慮する

　新人に身に付けてほしい保育者としての専門的力量、また専門的力量を育成するための研修は、幼稚園・保育所・幼保連携型認定こども園のいずれにおいても基本的には共通だと思います。

　ただ、制度的に教育機関としての学校である幼稚園と児童福祉施設である保育所、さらに、幼稚園と保育所の両面をもつ幼保連携型認定こども園では、果たすべき役割や機能が異なります。そのため、それぞれの園に勤務する新人保育者、つまり、幼稚園教諭・保育士・保育教諭となる新人保育者は、免許や資格を取得するために学習してきた内容に違いがみられます。新人保育者の育成計画は、こうした違いも踏まえて立案していくことが大切になります。

　そこで、以下に園の形態別に留意すべき研修ポイントを挙げてみました。

◆幼稚園の場合

　幼稚園教諭は、養成段階で幼児教育に関する専門的な学習を積み上げてきました。裏を返せば、3歳未満児の保育や『保育所保育指針』が重視している養護面の学習はあまりしていません。また、保護者などの大人への支援についても、学ぶ機会はほとんどありません。さらに、幼稚園教諭は二種・一種・専修免許状と、基礎とする学位の違いでグレードが分けられています。そのため、短大卒と四大卒では専門的な学習内容に差もあります。こうした点を考慮して計画していく必要があるでしょう。

◆保育所の場合

　保育士の養成課程では、制度的な制約もあり、「教育」という用語を前面に出した学習はほとんどしません。その結果、教育を保育所保育と区別する意識も芽生えます。しかし、保育所保育は養護と教育を一体的に取り組むものです。子育て支援が重視されるなか、時に子どもの保育が二義的な問題となるケースも見られますから、保育所保育の特質をしっかり理解していく研修が求められるでしょう。また、保育士の中には国家試験で資格を取得した者もいます。学習内容は養成校卒と違いはないものの、志を同じくする仲間と実習体験などを踏まえて語り合う機会がないなど、保育士としての育ちの質に違いも想定されます。こうした点も配慮し、研修を進める必要があるでしょう。

◆幼保連携型認定こども園の場合

　残念ながら、保育教諭の養成課程はありません。したがって、新人保育者は幼稚園教諭と保育士の養成課程の両方を学習してきた者となります。そのため、在園時間が異なる子どもへの対応など、幼保連携型認定こども園に特有の課題については、就職してから本格的に学習していく必要があります。保育所と同様に研修時間の確保も難しい状況であることを念頭に、効率的に研修を進めていくことも求められます。

新人育成計画表（様式例）

育成の目標		育成したい姿を保育者像として掲げてみよう

無理のない範囲で計画しよう

種類	項目	1年目								
		内定期	4月	5月	6月	7月	8月	9月	10月	11月
園内研修	研修のねらい									
	研修の内容									
	研修の方法									
	研修の評価									
外部研修	研修のねらい									
	研修の内容									
	研修の方法									
	研修の評価									
備　考										

- 継続的なテーマの場合は矢印表記も利用しよう
- 事例検討や交換保育、研究活動など園内で実施したい研修をピックアップしよう
- できるだけ具体的に考えていこう
- 「講義」「演習」などを表記。回数も示していこう
- 参加者の振り返りに基づき、整理していこう
- 講習会やワークショップなど、活用できる研修を随時、情報収集し、参加を促していこう

作成日○月○日　△△△園

年度終了時点で設定
していく方法もあり

12月	1月	2月	3月	2年目	3年目

※各園の状況に合わせて表をアレンジしてください。

本書は『保育ナビ』2016 年度連載「今日からできる！　より良い職場づくりの工夫」と 2017 年度連載「組織の活性化は若手の成長がカギ！　若手保育者の育成法」に掲載した内容を整理して加筆・訂正、新規原稿を加えて編集したものです。

著者
師岡 章（もろおか　あきら）

白梅学園大学子ども学部子ども学科教授。専攻は、保育・幼児教育学。
1958 年埼玉県生まれ。東京学芸大学大学院教育学研究科（修士課程）修了。男性保育者として幼稚園・保育所にて、約 20 年間、保育に従事した後、國學院大學幼児教育専門学校、白梅学園短期大学保育科を経て、2012 年より現職。フレーベル館保育図書・保育雑誌編集委員も務めている。
主な著書に、『幼児教育の指導法』（放送大学教育振興会）、『保育カリキュラム総論』（同文書院）、『子どもらしさを大切にする保育』（新読書社）、『食育と保育』（メイト）、『保育者と保護者の"いい関係"』（新読書社）、『食を育む－食育実践ガイドブック』（フレーベル館）がある。

表紙・マンガ　すぎやまえみこ
イ ラ ス ト　すぎやまえみこ（Chapter1）
　　　　　　　かまたいくよ（Chapter2）
編 集 協 力　こんぺいとぷらねっと

保育ナビブック
若手保育者の育成法
―組織の活性化は若手の成長がカギ！
2018 年 8 月 25 日　初版第 1 刷発行

著者　　師岡 章
発行者　飯田聡彦
発行所　株式会社フレーベル館
　　　　〒 113-8611　東京都文京区本駒込 6-14-9
　　　　電話 ［営業］03-5395-6613
　　　　　　 ［編集］03-5395-6604
　　　　　　 振替　00190-2-19640
印刷　　株式会社リーブルテック

表紙デザイン　blueJam inc.（茂木弘一郎）
本文デザイン　ベラビスタスタジオ

©MOROOKA Akira 2018
禁無断転載・複写　Printed in Japan
ISBN978-4-577-81451-2　NDC376　80P ／ 26 × 18cm
乱丁・落丁本はお取替えいたします。
●フレーベル館のホームページ　http://www.froebel-kan.co.jp/